Albert Klöpper

Exegetisch kritische Untersuchungen über den zweiten Brief des Paulus

des Paulus

an die Gemeinde zu Korinth

Albert Klöpper

Exegetisch kritische Untersuchungen über den zweiten Brief des Paulus
an die Gemeinde zu Korinth

ISBN/EAN: 9783744620390

Hergestellt in Europa, USA, Kanada, Australien, Japan

Cover: Foto ©Lupo / pixelio.de

Weitere Bücher finden Sie auf **www.hansebooks.com**

Exegetisch-kritische

Untersuchungen

über den

zweiten Brief des Paulus

an

die Gemeinde zu Korinth.

Von

Lic. theol. A. Klöpper
in Königsberg.

Göttingen,
Vandenhoeck & Ruprecht's Verlag.
1869.

☞ Es wird gebeten die Rückseiten des Umschlags zu beachten!

Exegetisch=kritische

Untersuchungen

über

den zweiten Brief des Paulus

an

die Gemeinde zu Korinth.

Von

Lic. theol. A. Klöpper

in Königsberg.

Göttingen,

Vandenhoeck & Ruprecht's Verlag.

1869.

Einleitung zugleich als Vorrede.

Der zweite Brief des Apostel Paulus an die Korinther gehört immer noch zu denjenigen Theilen des Neuen Testaments, deren Verständniß nicht bloß dem einfachen Bibelleser, sondern auch dem schriftforschenden Theologen nicht unerhebliche Schwierigkeiten bereitet, und welchem unsers Erachtens noch nicht die gleiche hingebende und einbringende Arbeit der Exegeten zugewendet worden ist, wie den anderen Hauptsendschreiben desselben Apostels. Haben sich die Commentare zu dem Briefe an die Römer in einer etwas zurückliegenden Zeitperiode förmlich auf einander gedrängt, ist in der Gegenwart dem Galaterbriefe ein sehr lebhaftes Studium von Interpreten und Kritikern zu Theil geworden: so kann man dies bis jetzt noch nicht in dem nemlichen Maaße von dem zweiten Korintherbriefe rühmen. Ohne den Werth einer Anzahl von neueren in mancher Hinsicht sehr brauchbaren erklärenden Werken über das letztgenannte apostolische Sendschreiben unterschätzen zu wollen: ist es dem Kundigen nur zu wohl bekannt, wie nicht bloß in der Deutung des Einzelnen dieses Briefes noch Manches zu erledigen ist, sondern wie noch weit mehr in der historischen Erforschung der Bedingungen seiner Entstehung, in der Ermittelung der äußeren und inneren Ereignisse, durch welche er veranlaßt ist, in der klaren Darlegung der Korinthischen Gemeindeverhältnisse, in die er in einem ganz bestimmten Stadium der ethischen und dogmatischen Entwickelung der dortigen Gläubigen einzugreifen bestimmt ist, Vieles zuvor noch gelichtet sein muß, bevor der richtige Gesichtspunkt gewonnen sein wird, um seinen so mannigfach-wechselnden, in grellen Uebergängen sich bewegenden, an Beziehungen auf nur halb oder kaum weiter bekannte Vorgänge überreichen, durch Kürze und Prägnanz des in auf- und abwogenden psychologischen Affekten schreibenden Verfassers dunklen Inhalt zu einer vollkommen befriedigenden Einsicht aufzuschließen. Mit dem zweiten Korintherbriefe verhält es sich in gewisser Beziehung ähnlich wie mit der Apokalypse des Johannes. Für beide N. T. Schriften muß im besonderen Sinne zuvor der richtige Schlüssel gefunden sein, ehe man sich der Hoffnung hingeben darf, sich in ihrem anfangs wunderbar erscheinenden Umkreis sicher orientiren zu können. Mit anderen Worten die Lösung der Hauptschwierigkeiten beider genannten Schriftstücke wird in die Einleitung zu jeder derselben fallen, welche den Leser auf denjenigen Standort zu stellen haben wird, von dem aus er unbeirrt durch schwankende Nebelbilder, nicht getäuscht durch subjektive Vorurtheile, unbehelligt durch trübenbende Medien, welche eine langverjährte Tradition über die sich dem

Blicke darstellenden Objekte ausgebreitet hat, die wahre Natur der Dinge zu erkennen vermag. Ist es bei der Offenbarung des Johannes das Licht historischer Forschung, welche zu den ekstatischen Visionen die zu Grunde liegenden zeitgeschichtlichen Ereignisse aufsucht, um jene dem verständigen Bewußtsein näher zu bringen: so handelt es sich beim zweiten Briefe an die Korinther vor Allem einmal um die möglichst klare Darlegung der Beziehungen des Wechselverkehres, welcher inmitten der Abfassung des ersten und des zweiten apostolischen Briefes an dieselbe Gemeinde zwischen ihr und dem Apostel Statt fand. Denn nur wenn diese inzwischen verlaufenen Momente richtig fixirt sind, werden wir viele im zweiten Korintherbriefe behandelten Gegenstände am rechten Orte und in der richtigen Beleuchtung sehen. Andererseits kommt die genaue Ermittelung der Natur und der Entwickelung derjenigen Partei der Korinthischen Gemeinde in Betracht, welche an vielen Orten jenes Briefes berücksichtigt, und von dem Apostel als eine die Reinheit des von ihm verkündeten Evangeliums gefährdende und seine eigene apostolische Würde in Frage stellende bekämpft wird. Ohne diese allerdings schon im ersten Korintherbrief anzutreffende, jetzt aber bei der Abfassung des zweiten Schreibens an dieselbe Gemeinde zu einer nicht zu unterschätzenden Bedeutung gelangte Oppositionspartei ihrem innern Wesen, ihren äußeren Zielen nach näher kennen gelernt zu haben, werden eine Reihe von theils apologetischen, theils polemischen Erörterungen des Apostels in diesem Briefe entweder gar nicht oder nur im Mißverstande aufgefaßt werden können. Indem der Verfasser der nachstehenden Untersuchungen der Meinung ist, daß sich in der eingehenderen Erörterung dieser namhaft gemachten Punkte ein nicht geringer Theil desjenigen zusammenfassen lasse, was geeignet sein könnte, in ein klareres Verständniß des zweiten apostolischen Sendschreibens an die Korinthische Gemeinde einzuführen: so hat derselbe vor der Hand den Versuch gemacht, jene Gegenstände in zwei ihnen gewidmeten Abhandlungen näher zu besprechen. Den ersteren Punkt unter dem Titel: Der verloren gegangene Brief des Apostel Paulus an die Korinther zwischen den beiden uns erhaltenen Sendschreiben an diese Gemeinde. Den zweiten unter der Ueberschrift: Die Christuspartei der apostolischen Gemeinde zu Korinth. Indem der Verfasser diese Studien dem Urtheile sachverständiger Mitarbeiter auf diesem Gebiete N. T. Exegese unterbreitet, hofft derselbe auf eine unbefangene Prüfung seiner entwickelten Ansichten, die ihm im Interesse einer Fortsetzung und umfassenderen Darlegung seiner über jenen apostolischen Brief gesammelten Arbeiten im hohen Grade erwünscht sein würde.

Königsberg i. Pr., den 1. Mai 1869.

I.

Der verloren gegangene Brief des Apostel Paulus an die Korinther zwischen den beiden uns erhaltenen Sendschreiben an diese Gemeinde.

———

— Hat sich die Ueberzeugung von einer zweiten persönlichen Anwesenheit des Apostels in Korinth, vor Abfassung seiner beiden an die Gemeinde daselbst gerichteten und uns erhaltenen Briefe bereits in den weitesten Kreisen Anhänger verschafft: so ist dies lange nicht im gleichen Maaße der Fall mit einer andern Annahme, welche sich aus dem zweiten Korintherbriefe einigen neueren Gelehrten aufgedrungen hat, daß nemlich zwischen dem ersten und zweiten kanonischen Briefe ein anderer vorauszusetzen sei, welcher ebenso wie der 1 Kor. 5, 9 erwähnte verloren gegangen wäre. Obgleich nemlich diese zuerst von Bleek in den Stubb. und Kritt. 1830. S. 625 ff. entwickelte und von demselben stets aufrecht erhaltene (Vergl. Einl. in d. h. Schr. II, 402 ff.) Hypothese die Zustimmung, oder wenigstens eine beifällige Beurtheilung namhafter Kritiker und Exegeten (eines Credner, Neander, Billroth, Ewald) gefunden hat: so haben doch Andere (wie Rückert, de Wette, Baur, Reuß, Wieseler, Meyer, v. Hofmann) derselben entrathen und ohne ihre Annahme alle diejenigen Schwierigkeiten, behufs deren Beseitigung sie aufgestellt wurde, genügend entwirren zu können gemeint. Dieser Zwiespalt der Ansichten und die Wichtigkeit, welche nach unserer Ueberzeugung die Entscheidung für die eine oder andere jener betreffs der Auffassung mancher vom zweiten Korintherbriefe dargebotenen Stellen und Situationen hat, wird uns bestimmen, der in Anregung gebrachten Frage eine etwas nähere Erörterung zu Theil werden zu lassen.

Daß Paulus, als er unseren zweiten Korintherbrief schrieb, bereits mehr als einen Brief an die dortige Gemeinde gerichtet

1 *

hatte, ergiebt sich deutlich aus 2 Kor. 10, 10, woselbst sie von den Gegnern des Apostels als βαρεῖαι καὶ ἰσχυραὶ charakterisirt werden. Hat mit diesen Prädikaten ohne Zweifel die energisch und rücksichtslos strafende Sprache der Sendschreiben des Paulus bezeichnet werden sollen: so darf ohne Weiteres unser erster kano= nischer Korintherbrief, der mancherlei kraftvoll ausgesprochene tadelnde Aussprüche und Ausführungen enthält, den Briefen beige= zählt werden, welche die Widersacher des Apostels mit ihrer Kritik im Sinne hatten. Von dem ersten an die Korinthische Gemeinde gerichteten, verloren gegangenen Briefe haben wir nur eine An= deutung (1 Kor. 5, 9). Hiernach war in diesem Briefe eine Mah= nung der Leser enthalten, sich von unzüchtigen Gemeindemitgliedern auf das strengste fernzuhalten. Da diese Weisung wahrscheinlich in Verbindung mit einer strengen Rüge der, wie es scheint, von Stiftung der Korinth. Gemeinde an immer daselbst fortgrassiren= den πορνεία brieflich ausgesprochen war: so würden wir auch diesen ersten verloren gegangenen Brief des Apostels als zu der erwähnten gegnerischen Charakteristik seiner Schreiben Anlaß gebend ansehen dürfen, und bei dieser Gelegenheit noch nicht nothwendig in die Lage versetzt werden, einen dritten Brief des Paulus an die Korinther zu postuliren; wenngleich allerdings ein weiterer Brief desselben, dem die Kategorie des „Gewicht= und Kraftvollen" in noch unzweifelhafterer Weise beiwohnte, uns erst ausreichendes Material an die Hand geben würde, um jenes Urtheil über die apostolischen Briefe vollkommen genügend erklärlich zu machen. In jedem Falle aber werden wir uns zu solchen Erscheinungen da hin= wenden müssen, wo wir vermuthen dürfen, weit unzweifelhaftere Indizien für jene zunächst noch ganz abstrakte Möglichkeit an= zutreffen.

Wie Paulus unseren ersten Korintherbrief geschrieben hatte, war Timotheus nach jener Stadt entsandt worden, ob als Ueber= bringer dieses Briefes, oder (was wahrscheinlicher), schon etwas früher, ist nicht klar ersichtlich (1 Kor. 4, 17; 16, 10). Jeden= falls erwartete der Apostel, daß sein Abgesandter in Korinth ein= treffen werde. War nun Timotheus entweder mit oder bald nach Eintreffen des gedachten Sendschreibens in Korinth erschienen, und hatte er somit Gelegenheit gefunden, die Wirkung desselben zu erfahren und dem Apostel mittheilen zu können: so mußte es im hohen Grade auffallend erscheinen, daß Paulus in seinem zweiten kanonischen Korintherbriefe von den durch diesen seinen Gehülfen empfangenen Nachrichten nichts erwähnt, sondern sich hier lediglich auf Mittheilungen bezieht, die ihm ein anderer seiner Mitarbeiter, Titus, überbracht hatte (2 Kor. 7, 6 ff.), trotzdem daß, wie wir aus 2 Kor. 1, 1 ersehen, Timotheus sich damals bei dem Apostel befand. Um diese auffallende Thatsache begreiflich zu machen, sah man sich zur Aufstellung einer Hypothese gedrängt, die bei einigen Kritikern die Wendung nimmt: Timotheus sei überhaupt nicht bis nach Korinth gelangt, sondern habe, in Macedonien durch irgend welche Umstände aufgehalten, von dort ohne die Gemeinde jener Stadt gesehen zu haben seinen Rückweg zum Apostel nach Ephesus angetreten; während es anderen Gelehrten wahrscheinlicher wurde: Timotheus sei von Korinth, wohin er allerdings gelangte, schon eher wieder abgereist, bevor der Brief des Apostels dort eintraf. Allein diese beiderseitigen Annahmen sind Angesichts der den Timotheus betreffenden Stellen unseres ersten Korintherbriefes schlechter= dings unzulässig. Die Sache liegt nemlich keineswegs so, als habe Timotheus, dessen Reise nach Macedonien und Achaja durch ander= weitige Zwecke bestimmt gewesen sei, nach subjektiven Ermessen nach Korinth gehen oder nicht gehen, oder, wenn er ebendahin ge= langt war, diese Stadt wieder verlassen können, wenn es ihm gutdünkte. Sieht man nemlich die Stellen, in denen Paulus über den Timotheus im ersten Korintherbriefe spricht, genauer an, als man bisher gethan hat: so ergiebt sich aus ihnen das Folgende. Der Apostel sagt zunächst, er habe den Lesern den Timotheus zugesendet (ἔπεμψα ὑμῖν Τιμόθεον Kap. 4, 17). Die Sen= dung desselben ist also deutlich als eine für die Gemeinde bestimmte, ihren Zwecken dienende bezeichnet. Und zwar ist der Zweck der Mission des Timotheus noch näher angegeben in den Worten: ὃς ὑμᾶς ὑπομνήσει τὰς ὁδούς μου τὰς ἐν Χριστῷ, καθὼς πανταχοῦ ἐν πάσῃ ἐκκλησίᾳ διδάσκω. Wir sehen also: Timo= theus hat den Auftrag erhalten, durch persönliche mündliche Deu= tung, Belehrung, Anleitung die in dem Briefe enthaltenen Weisungen und Mahnungen des Apostels zu unterstützen, zu ergänzen und zur praktischen Anwendung und konkreten Ausgestaltung gelangen zu lassen. Um diesen wichtigen, die Wirkung des Briefes wesentlich befördernden Auftrag erfüllen zu können, mußte Timotheus nicht bloß über den Zustand der Korinthischen Gemeinde wohl informirt sein, sondern er mußte auch ohne Zweifel im Wesentlichen wissen,

was der Apostel an die Gemeinde geschrieben hatte, oder hat schrei=
ben wollen. Wir behaupten nicht, daß Paulus den Timotheus
mit dem wörtlichen Inhalt seines Briefes bekannt gemacht habe, —
denn es ist ja allerdings wahrscheinlicher, daß dieser Gehülfe des
Apostels bereits abgereis't war, bevor Paulus zu schreiben anfing.
Allein eine sehr eingehende Besprechung über das, was der Apostel
unter den obwaltenden Verhältnissen der Gemeinde brieflich mitzu=
theilen gedenke, muß nothwendig vorangegangen sein, wenn Timo=
theus seine eben besprochene Mission mit irgend welcher Hoffnung
auf Erfolg sollte ausführen können. Wie wichtig ferner für Pau=
lus die Sendung des Timotheus ist, wie viel Werth er auf die
von diesem in Korinth zu entfaltende ersprießliche Thätigkeit legt:
geht aus der so angelegentlichen Empfehlung desselben an die dor=
tige Gemeinde unzweideutig hervor. Nennt er ja den Timotheus
nicht bloß sein τέκνον ἀγαπητὸν καὶ πιστὸν ἐν κυρίῳ (4, 17),
sondern wie im vollern Bewußtsein von dessen gewichtigen, schwie=
rigen und nicht ganz gefahrlosen Mission fordert er die Ge=
meinde dringend auf: ἐὰν δὲ ἔλθῃ Τιμόθεος βλέπετε, ἵνα
ἀφόβως γένηται πρὸς ὑμᾶς· τὸ γὰρ ἔργον κυρίου ἐργάζεται
ὡς καὶ ἐγώ· μή τις οὖν αὐτὸν ἐξουθενήσῃ· προπέμψατε
δὲ αὐτὸν ἐν εἰρήνῃ, ἵνα ἔλθῃ πρός με (16, 10 f.). Aus
diesen Worten geht hervor, wie Paulus über die Aufnahme und
den Erfolg der Sendung des Timotheus keineswegs ganz ohne
Besorgniß ist, und er demselben auf alle Weise einen ungefährdeten,
unbehelligten, von Mißachtung und Geringschätzung freien Zutritt
und eine unverkümmerte Wirksamkeit in der Gemeinde zu verschaffen
sich bemüht. Und hatte der Apostel nicht Grund genug zu so in=
ständigen Mahnungen rücksichtlich der Aufnahme und Behandlung
des Timotheus, wenn er die damalige Lage der Korinthischen Ge=
meindeverhältnisse und den Inhalt und die Form seines Briefes
ins Auge faßte, der kurz vor der Ankunft seines Sendboten dort
mit der Bestimmung eintraf, eine ziemlich lange Reihe von Ab=
irrungen von der ursprünglich ihnen überlieferten christlichen Lehr=
und Lebensnorm zu rügen, und auf die Abstellung mancher Miß=
bräuche auf das entschiedenste zu bringen? Durfte Paulus, dessen
eigene apostolische Auctorität unter den Parteigetrieben der Ge=
meinde nicht mehr unangetastet geblieben war (vgl. 1 Kor. 9, 1 ff.),
der bei seiner zweiten Anwesenheit in Korinth selbst sehr nieder=
schlagende Erfahrungen gemacht hatte (2 Kor. 12, 12 f.), ganz

ohne Besorgniß sein in Betreff der Aufnahme eines Mannes, dem
jetzt die Aufgabe gestellt war, die ernsten Gewissensrügen, die der
Brief enthielt, durch seine persönlichen Mahnungen zu unterstützen,
und an der Beseitigung von abnormen und der Aufrichtung besserer
Gemeindegewohnheiten thatsächlich mitzuhelfen? Und sehen wir
von allem Anderen ab, welches war derjenige Punkt in dem Briefe
des Apostels, bei dem sich voraussichtlich am ehesten ein Widerstand
mancher Gemeindeglieder gegen die Weisung desselben erwarten ließ?
Das 5. Cap. handelt von der Ausschließung eines tief gravirten
lasterhaften Menschen aus der Gemeinde und der Uebergabe dessel=
ben an den Satan zum Verderben des Fleisches, auf daß der Geist
gerettet werde am Tage des Herrn (V. 5). Zu diesem Zwecke
sollte eine Gemeindeversammlung berufen werden, bei welcher das
vom Apostel im Geiste schon anticipirte Urtheil (V. 4) in Vollzug
zu setzen war. Wem anders aber fiel bei diesem Gerichte die
Stelle eines Interpreten des präsidirenden Geistes des Apostels zu
als dem Timotheus, welcher jetzt den abwesenden Paulus zu ver=
treten hatte? Und wie hätte sich Paulus bei dem hohen Selbst=
bewußtsein, welches Manche in seiner Gemeinde von sich hatten
(1 Kor. 4, 18 — 19), verhehlen können, daß es dem Timotheus
vielleicht einige Mühe kosten werde, die dissentirenden Parteien zu
einem einheitlichen Beschlusse zu veranlassen, und daß die verlangte
Procedur und Strafexekution möglicherweise nicht so ganz ἀφόβως
für seinen Abgesandten abgehen werde?

Dies war die Situation, unter welcher Paulus den Timo=
theus den Korinthern zusandte, das die Aufgabe und die Aussichten,
denen dieser entgegenreis'te, das die Befürchtungen des Apostels,
die wenn auch nur leise doch vernehmbar aus seiner Aufforderung
zur günstigen Aufnahme seines Genossen herausklingen. Daß Pau=
lus unter diesen Umständen mit gespannter Erwartung seiner Rück=
kehr entgegensehen mußte, ist schon an sich erklärlich genug; sagt er
ja selbst von ihm: ἐκδέχομαι γὰρ αὐτὸν μετὰ τῶν ἀδελφῶν
(1 Kor. 16, 11). Und im Hinblick auf diese kritische Lage der Dinge
wagt man die Vermuthung auszusprechen: Timotheus sei ent=
weder nicht nach Korinth gekommen, oder habe diese Stadt eher
wieder verlassen, bevor der Brief des Apostels angelangt sei?!
Wagt man den Apostel einer Gemeinde, in welcher man mit so
argwöhnisch geschärften Augen alle seine brieflichen Aeußerungen
zu lesen und zu deuten pflegte (2 Kor. 1, 13), etwas derartiges,

wie wir gesehen, über den Timotheus schreiben lassen, und traut
daneben diesem apostolischen Gehülfen eine solche Sorglosigkeit in
Betreff der Ausrichtung seiner Mission zu, daß derselbe sich überall
zu schaffen gemacht habe, nur nicht da, wohin ihn der Apostel mit
den wichtigsten und bringendsten Aufträgen, den angelegentlichsten
Empfehlungen gesendet, und von wo er ihn in von Hoffnung und
Sorge getheilter erwartungsvoller Spannung zurückerwarten mußte?
Mit einem Worte, die Hypothese, die man erfunden hat, um dem
Timotheus die Möglichkeit zu benehmen, dem Apostel darüber Mittheilungen zu machen, welche Aufnahme sein nach Korinth gesendeter
Brief daselbst gefunden habe, widerspricht so grell allen deutlichen,
von uns hervorgehobenen Voraussetzungen, die in diesem Send-
schreiben selbst enthalten sind, daß wir dieselbe mit Fug und Recht
als eine durchaus verunglückte erklären müssen.

Allein, — so könnte man sagen, — ist es nicht denkbar, daß
Timotheus bei dem besten Willen, die Aufträge des Apostels in
Korinth zur Ausführung zu bringen, in Macedonien durch irgend
welche vis major zurückgehalten worden sei, so daß es für ihn
schlechterdings unmöglich wurde, demselben darüber Nachrichten zu
überbringen, welchen Eindruck und Erfolg sein Brief bei der Gemeinde gemacht und hinterlassen habe? Nun schlechthin undenkbar
wäre natürlich ein solches durch Naturgewalt herbeigeführtes Hinderniß
nicht. Allein selbst die mit dem stärksten Aufwande von Phantasie uns
in den Weg geworfene Möglichkeit für einen Augenblick angenommen: wie kommt es, — müssen wir fragen, — daß wir von diesem
so völlig unerwarteten, alle Berechnung des Apostels so jäh durch-
kreuzenden Vorfalle auch nicht den Rest einer Spur mehr zu ent-
decken im Stande sind? Folgte unser zweiter kanonischer Korintherbrief unmittelbar auf unseren ersten: wie ist es zu erklären, daß
Paulus, der es doch für werth hält über so manche jüngst voran-
gegangene Personalien so eingehend sich auszusprechen, für die durch
ein so ganz unvorhergesehenes Ereigniß ins Stocken gerathene
Sendung des Timotheus, an welcher sowohl für die Gemeinde als
für den Apostel so viel hing, im zweiten Korintherbriefe kein Wort
der Erwähnung gefunden hat?

Doch auch hier hat man ein Mittel bei der Hand, um aus
der Verlegenheit herauszukommen, in welche jene Hypothese ver-
wickelt. Timotheus erscheint im zweiten Korintherbrief als Mit-
briefsteller des Apostels (1, 1). Unter diesen Umständen, — so

meint man — wäre es nicht paſſend geweſen, wenn Paulus die
jüngſten perſönlichen Erlebniſſe jenes ſelbſt zur Sprache gebracht
hätte. Allein die Beweiskraft dieſes Argumentes iſt eine äußerſt
geringe. Wenn Paulus im 2. Korintherbriefe der früheren Wirk=
ſamkeit des Timotheus in der Gemeinde daſelbſt Erwähnung thun
(1, 19), wenn er im Briefe an die Philipper für ſeinen Mitbrief=
ſchreiber Timotheus (1, 1) eine ziemlich ausführliche Empfehlung
geben konnte (2, 19—24): ſo vermögen wir das Inopportune in
keiner Weiſe einzuſehen, wenn Paulus im zweiten Sendſchreiben an
die Korinthiſche Gemeinde mit einigen Worten die Nichtankunft des
Timotheus bei derſelben erklärt haben ſollte, falls ſie wirklich durch
gewiſſe Umſtände herbeigeführt worden wäre. Aber ſelbſt ange=
nommen, indeß keineswegs eingeſtanden, die Eigenſchaft des Timo=
theus als Mitbriefſtellers hätte den Apoſtel über den in Rede
ſtehenden Punkt ſich zu äußern gehindert: ſo ſtand unſeres Wiſſens
dem Apoſtel nichts im Wege, ſeinen Brief bloß im eigenen Namen
abzufaſſen, oder falls irgend ein anderer Genoſſe zur Stelle war,
dieſen ſtatt des Timotheus zu jenem Zwecke ſich zu abjungiren.

Nehmen wir alſo unbeirrt durch ſolche ſich in ſich ſelbſt auf=
löſende Hypotheſen ohne jegliches Bedenken an, Timotheus war in
Korinth, wurde Zeuge der Wirkung des eingetroffenen Briefes,
bemühte ſich in Uebereinſtimmung mit dem in demſelben von ihm
Angekündigten die Mahnungen des Apoſtels durch ſein perſönliches
Wort zu unterſtützen, auf Gehorſam gegen deſſen briefliche Anwei=
ſungen zu bringen, vor Allem den Act ſtrenger Kirchenzucht gegen
den Blutſchänder in Anregung zu bringen: von welchem Eindrucke
des apoſtoliſchen Sendſchreibens, von welchen Erfolgen der eige=
nen Thätigkeit konnte er Bericht erſtatten? Die Antwort auf dieſe
Fragen ſteht mit den deutlichſten Zügen in unſerem zweiten
Korintherbriefe geſchrieben. Wenn erſt in jenem ſpäteren Stadium
der Ereigniſſe, als Titus über den Zuſtand der Gemeinde Mit=
theilungen gemacht hatte, die Lage in Korinth die war, daß offen=
bar erſt ganz jüngſt unter den Augen jenes neuen Abgeſandten bei
dem größeren Theile der Gemeinde erfreuliche Anfänge zu einer
Umkehr vom Ungehorſam zum Gehorſam, zur Geneigtheit, ſich mit
dem Apoſtel auszuſöhnen, bemerkbar wurde (2 Kor. 7, 6 ff.),
wenn Paulus ſelbſt damals noch, wo doch ſchon eine durchgreifen=
dere Sinnesänderung erfolgt war, ſich über einen Gemeindebeſchluß
befriedigt erklären konnte, den erſt nur eine Majorität über den

Incesten gefaßt hatte, und der noch dazu eine Herabminderung des vom Apostel ursprünglich geforderten Strafmaaßes enthielt: von welcher Stimmung der Gemeinde mußte Timotheus berichtet haben, der in einer früheren Zeit den ersten Eindruck des 1. Korinther= briefes zu beobachten Gelegenheit hatte? Er konnte offenbar nichts anderes melden, als daß das apostolische Sendschreiben im Großen und Ganzen eine sehr ungünstige und unerwünschte Aufnahme ge= funden habe, daß namentlich die Weisung des Apostels in Betreff des lasterhaften Menschen auf eine heftige vom Parteigetriebe ver= bitterte Opposition gestoßen, daß der persönliche Charakter und die apostolische Auctorität des Paulus von dessen Widersachern leiden= schaftlich angegriffen, daß selbst die besser Gesinnten an ihm irre geworden seien, und daß er, Timotheus, unter diesen traurigen Wirrnissen nichts habe ausrichten können und seine Mission als eine gescheiterte ansehen müsse. So war also doch dasjenige ein= getroffen, was Paulus durch seine Mahnungen in Betreff des Timotheus hatte abwenden wollen. Die ersten Schläge des gegen den Apostel zusammengezogenen Gewitters hatten sich auf seine Boten entladen. Derselbe war nicht ἀφόβως in Korinth gewesen. Die Gemeinde hatte ihm nicht im Frieden das Geleit gegeben, sondern mit Klagen, Vorwürfen, Anschuldigungen gegen den Apostel nach Ephesus entlassen.

Was sollte nun Paulus nach dem Empfange dieser betrüben= den Nachrichten thun? Am wenigsten konnte er natürlich daran denken, den Timotheus noch einmal dahin zurückzusenden, wo dieser einen so unerfreulichen Empfang gefunden, einen so wenig zufrieden= stellenden Erfolg gehabt hatte. Abgesehen davon, daß Timotheus schwerlich den Beruf aus Drang in sich finden konnte, den unter= wühlten Boden der Korinthischen Gemeinde vorerst von Neuem zu betreten. Am nächsten mußte dem Apostel der Gedanke kommen, in eigener Person in Korinth zu erscheinen, um durch ein entschie= denes Auftreten und die Macht seines Wortes das dort herauf= gezogene Unwetter zu beschwören. Allein er konnte keine ihn zur Reise bestimmende innere Stimme in sich vernehmen. Das letzte Mal, wie er in Korinth war, und wie die Zustände der dortigen Gemeinde sicher noch weit ruhigere und geregeltere waren, als jetzt, hatte, wie er selbst sagt (2 Kor. 12, 21), Gott ihn den Lesern gegenüber gedemüthigt, so daß seine Gegner zu dem Urtheile Grund zu haben glaubten, derselbe Paulus, der abwesend so großen Muth

an den Tag lege, sei persönlich anwesend zaghaft (Ebend. 10. 1).
Mußte der Apostel selbst damals noch, als er durch Titus von
einem so sehr erfreulichen Umschwunge zum Bessern in der Ge=
meinde Kunde erhalten hatte, die Besorgniß hegen, daß er trotz alledem
noch ziemlich wirren Zuständen daselbst entgegenreisen werde (2 Kor.
12, 20—21): wie konnte er in dem Momente, den wir jetzt hier,
unmittelbar nach der Rückkunft des Timotheus, zu fixiren haben,
mit Zuversicht darauf rechnen, daß er der dortigen Situation Herr
werden werde; wie sollte nicht durch den Hinblick auf die tiefe
schmerzliche Betrübniß, in welche er durch sein strafendes Auftreten
die Gemeinde versetzen mußte, zur Schonung seiner selbst, und zu
seiner vorläufigen persönlichen Fernhaltung von der Gemeinde die
überwiegende Stimmung sich in ihm herausgebildet haben (2 Kor.
2, 1—3)? Demnach sah sich der Apostel gedrungen, einen anderen
Weg der Kommunikation mit der Gemeinde einzuschlagen, als den
des persönlichen Besuchs. Und dieser Weg war die Sendung des
Titus nach Korinth.

Doch auch der Zweck dieser Mission des Titus wird noch von
einigen Kritikern durchaus mißkannt, wenn man den Aufenthalt des
Titus in Korinth als einen mit den zwischen dem Apostel und der
dortigen Gemeinde obschwebenden brennenden Fragen in ganz zu=
fälliger Beziehung stehenden, und etwa die Betreibung einer Kollekte
als das eigentliche Hauptmotiv seiner unternommenen Reise ansieht.
Der allein richtige Gesichtspunkt, unter welchem die Sendung des
Titus angesehen werden muß, ergiebt sich aus den folgenden
Daten des 2. Korintherbriefes. Paulus hat Ephesus verlassen
und sich nach Troas begeben. Dort hoffte er den Titus anzu=
treffen, und eilt, als dies nicht der Fall ist, in heftig unruhiger
Gemüthsbewegung, trotz ihm in Asien winkender Missionserfolge,
nach Macedonien, dem Titus entgegen, den er also auf dem Land=
wege von Korinth kommend weiß (2 Kor. 2, 12—13). In Mace=
bonien angelangt finden wir ihn noch in derselben aufgeregten
Stimmung (οὐδεμίαν ἔσχηκεν ἄνεσιν ἡ σάρξ ἡμῶν); bange Be=
fürchtungen zerreißen sein Inneres (ἔσωθεν φόβοι, Ebend. 7, 5).
Für uns, die wir die Nachrichten kennen, die Timotheus aus Ko=
rinth gebracht hatte, ist zwar diese innere Gemüthsverfassung des
Apostels psychologisch sehr erklärlich. Allein wie durfte Paulus
hoffen, daß Titus sein sorgenschweres Herz durch mitgebrachte
Nachrichten aus Korinth trösten werde, wenn er, der Apostel selber,

seinerseits inzwischen nichts gethan hatte, um in den trostlos ver=
worrenen Zuständen der dortigen Gemeinde eine Umkehr zum
Bessern herbeizuführen. Kam Titus nur wie von Ungefähr von
Korinth, hatte er dort nur von früher her untergeordnete Geschäfte
zu besorgen gehabt, was trieb den Apostel ihm mit so ungestümer,
ruheloser Haft entgegen? Was durfte Paulus von Titus in jenem
Falle Anderes zu hören hoffen, als was ihm schon Timotheus mit=
getheilt hatte?

Ganz anders und allein diese Situation aufhellend fassen wir
die Sachlage auf, wenn wir annehmen, daß Paulus den Titus
von Ephesus aus, bald nach dem Eintreffen der durch Timotheus
überbrachten niederschlagenden Nachrichten aus Korinth, ebendahin
gesendet hatte mit der bestimmten Anweisung, um den dort gegen
ihn (den Apostel) entstandenen Sturm des Aufruhrs zu beschwich=
tigen, die Gemeinde zum Gehorsam gegen seine Anweisungen zurück=
zuführen, die laut gewordenen Verdächtigungen zu entkräften, die
erhobenen Bedenken zu beseitigen, mit einem Worte, die Aucto=
rität des Apostels, so weit er dazu mitwirken konnte, wiederherzu=
stellen und zu befestigen. Nur in diesem Falle begreifen wir nicht
bloß die bang = erregte Stimmung des Paulus, sondern auch den
Drang mit dem Titus sobald als möglich zusammenzutreffen, um
von ihm zu vernehmen, welchen Erfolg in dieser kritisch = gespannten
Lage seine Mission nach Korinth gehabt habe. Und daß der Sen=
dung des Titus jenes eben ausgesprochene Motiv zum Grunde lag,
geht auf das evidenteste aus dem siebenten · Capitel des 2. Ko=
rintherbriefes hervor. Wir sehen nemlich zunächst hier, daß Titus
im vollen Bewußtsein seiner schwierigen Sendung nach Korinth
gegangen war. Denn Paulus mußte ihm erst dadurch, daß er
voll Vertrauen auf den guten Kern der Gemeinde, voll Hoffnung
auf einen Umschwung zum Bessern in ihr, die vortheilhafteren
Seiten derselben hervorhob, Muth zu dem Unternehmen einflößen
(7, 14 ἡ καύχησις ἡμῶν ἡ ἐπὶ Τίτῳ). Da Paulus ferner in
freudiger Ueberraschung es der Korinthischen Gemeinde zu Gute
rechnet, ὅτι ἀναπέπαυται τὸ πνεῦμα αὐτοῦ (sc. Τίτου) ἀπὸ
πάντων ἡμῶν (Ebend. V. 13): so ist klar, daß Titus in der=
selben bangen von unruhiger Sorge gedrückten Stim=
mung in Korinth anlangte, in der sich Paulus befand,
als er jenen in Troas und später in Macedonien
zurückerwartete. Woher diese Stimmung, wenn Titus zu

dieſer Zeit nur zufällig von irgend woher oder beiläufige Zwecke verfolgend in Korinth eintraf? Wie völlig erklärlich dagegen, wenn Titus die verunglückte Sendung des Timotheus wieder aufzunehmen hatte, mit voller Kenntniß der Sachlage vom Apoſtel nach Korinth zu dem Zwecke entſendet wurde, für die gefährdete Auctorität deſſelben daſelbſt einzutreten, und ſomit die ſchwerere Bürde ſeiner verantwortlichen Sendung ihn niederbrückte.

Und dieſe verhängnißvolle Miſſion, von welcher ſo unendlich viel abhing, ſollte Paulus den Timotheus haben antreten laſſen lediglich ausgerüſtet mit mündlichen Inſtruktionen, und Titus die=ſelbe angenommen haben ohne eine Zeile von des Apoſtels eigener Hand? Paulus, der den Timotheus, ſeinen ihm bei ſeiner frühe=ren Miſſionsarbeit in Korinth längere Zeit treu zur Seite ſtehen=den Genoſſen (2 Kor. 1, 19), vor Kurzem mit den bedenklichſten und niederſchlagendſten Nachrichten von ebendaher hatte zurück=kommen ſehen, trotzdem er ihm ein Schreiben mit den angelegent=lichſten Empfehlungen mitgegeben hatte, ſollte ſich von dem Auf=treten des Titus, von deſſen früherer Anweſenheit und Wirkſamkeit in Korinth nichts bekannt iſt, irgend einen nennenswerthen Erfolg verſprochen haben, wenn dieſer ohne Legitimation ſich dort ein=führte, nichts mit ſich bringend als ſich ſelbſt? Und das in Ko=rinth, wo der Mangel von Introduktionsſchreiben ſelbſt dem Apoſtel Paulus, dem Stifter der Gemeinde, übel vermerkt wurde? (vergl. 2 Kor. 3, 1). Jetzt in Korinth, wo, wenn überhaupt noch etwas auszurichten war, nur das Wort des Apoſtels ſelbſt eine Entſchei=dung hervorzubringen vermochte! Und Titus, dieſer der Korinthi=ſchen Gemeinde bisher entweder perſönlich ganz unbekannte, jeden=falls nicht näher bekannte Mann (— denn weder die Apoſtelgeſchichte noch die Korintherbriefe deuten mit einem Worte auf eine vor der in Rede ſtehenden Sendung entwickelte Thätigkeit deſſelben in dieſer Stadt —) findet ſolchen Gehorſam bei den dortigen Gläu=bigen, daß ſie ihn μετὰ φόβου καὶ τρόμου aufnehmen (2 Kor. 7, 15), lediglich dadurch, daß er ſich mündlich als Abgeſandter des Apoſtels ihnen darſtellt? Ohne, daß dieſe Furcht und dieſes Zittern zuvor durch etwas bewirkt war, was Titus als authentiſchen ſchriftlichen Ausdruck der augenblicklichen Geſinnung des Apoſtels gegen die Gemeinde ihr ſo eben vor Augen gelegt hätte? Ohne daß ein neuer Blitzſtrahl von des Paulus eigener Hand geſchleudert die dicken ungeſunden Nebel in Korinth zertheilt, ein Donnerſchlag die schlafenden Gewiſſen aufgeweckt hätte? Dies Alles iſt in ſo hohem Grade unwahrſcheinlich, ſo durchaus unſerer ziemlich genauen Kenntniß der obſchwebenden Verhältniſſe entgegenlaufend, daß wir es uns unmöglich vorzuſtellen im Stande ſind.

Doch wo iſt dieſer Brief zu finden, den man hier als noth= wendigerweiſe dem Titus mitgegebenes Begleitſchreiben poſtulirt? Laſſen ſich nicht alle Stellen des 2. Korintherbriefes, in denen von dem letzten Schreiben des Apoſtels die Rede iſt, ganz wohl auf den erſten kanoniſchen Korintherbrief beziehen?

Wir erwiedern hierauf zunächſt: Macht der Brief, von welchem Paulus mehrfach in unmittelbarer Beziehung zu der Sendung, den jüngſten perſönlichen Erfahrungen und Erlebniſſen des Titus in Korinth redet (vergl. 2 Kor. 7, 8. 12) den Eindruck, als habe er ſeit langen Wochen, — denn die müſſen doch über die Rückreiſe des Timotheus von Korinth, der Reiſe des Titus ebendahin ver= gangen ſein — in dem Archive der Korinthiſchen Gemeinde geruht, ſei jetzt erſt auf Betreiben des Titus von Neuem ans Tageslicht gezogen worden, um zum freudigen Erſtaunen des Titus und Pau= lus ſolche überraſchende Wirkungen auszuüben, wie ſie 2 Kor. 7, 6—16 geſchildert werden? Man denke: unter den Augen des Titus geht in Korinth eine Scene vor, wie ſie nicht ergreifender gedacht werden kann. Die Gemeinde in tiefer ſchmerzlich bewegter Trauer, die ſich zur Gott wohlgefälligen Sinnesänderung verklärt. Ein neuer Eifer erwacht für den Apoſtel und die von ihm vertretene heilige Sache. Man ſucht ſich zu vertheidigen wegen der bisherigen Lauheit oder übelwollenden Geſinnung gegen jenen. Es macht ſich Unwille geltend gegen die Sünder, deren Vergehungen man bisher mit übergroßer Gleichgültigkeit überſehen hat. Man zittert vor Furcht vor den drohenden Worten des Apoſtels. Das lebhafteſte Verlangen ſpricht ſich aus, ihn wiederzuſehen und ſich mit ihm auszuſöhnen. Man ſchickt ſich jetzt endlich dazu an, eine bisher verabſäumte Strafe über den Unzüchtigen zu verhängen. Jeder ſucht ſich von dem Vorwurfe rein zu waſchen, daß er direkten oder indirekten Antheil an deſſen ſchwerer Vergehung oder an der Ver= zögerung ſeiner Beſtrafung gehabt habe. (Ebend. V. 12). Alle dieſe Erſcheinungen einer beiſpielloſen Umwandlung gehen, wir wiederholen es, unter den Augen des freudig ſtaunenden Titus. als Wirkungen eines Betrübniß verurſachenden Brie= fes des Paulus vor (Ebend. V. 8 u. 12), und dieſen Brief

hatte Titus nicht jüngst vom Apostel als Antwort auf die Nach=
richten des Timotheus mitgebracht, sondern es war der alte Brief,
den Paulus vor mehreren Wochen geschrieben hatte?! Dieser
Brief, der bei seinem ersten Eintreffen in Korinth einen so wenig
günstigen Eindruck gemacht hat, wirkt jetzt mit einem Male mit
einer solchen Wunderkraft, lediglich deßhalb, weil Titus persönlich
in Korinth erscheint und die Anfrage an die Gemeinde richtet: ob
sie sich noch jetzt den Mahnungen und Weisungen des Apostels
gegenüber so ablehnend verhalten wolle, wie zu der Zeit als Timo=
theus unter ihnen weilte!

Nun möglich, was man im vulgären Verstande darunter be=
greift, mag auch dies noch sein. Wir müssen also weiter fragen:
giebt es nicht noch deutlichere, unzweideutigere Anzeichen für einen
neuen vom Titus so eben überbrachten Brief des Apostels, der die
geschilderten überraschenden, den Titus und Paulus mit Trost und
Freude erfüllenden Erfolge in Korinth hervorbrachte? Untersuchen
wir genauer die Stellen, in welchen Paulus von seinem letzten
an die dortige Gemeinde gerichteten Briefe im zweiten kanonischen
Sendschreiben an die Korinther redet.

Cap. 1, 13 giebt Paulus als Grund dafür, daß er noch nicht
nach Korinth gekommen sei, Schonung der Leser an. Cap. 2, 1—2
erscheint als Motiv der Verzögerung der Reise zugleich Schonung
seiner (des Apostels) selbst. Durch diese subjektive Wendung der
Sache tritt noch deutlicher an den Tag, wie sehr dem Apostel, der
sich principiell als συνεργὸς τῆς χαρᾶς der Leser weiß (1, 24),
ein persönlich strafendes Auftreten gegen sie widerstrebt habe.
Paulus konnte die Gemeinde nicht in Betrübniß versetzen, ohne
hiedurch selbst in die schmerzlichste Stimmung gebracht zu werden.
Dies — gesteht er — habe er vermeiden wollen und darum lieber
das leider unabweisbare Amt des λυπεῖν schriftlich ausgerichtet.
(2, 3—4). Wir sehen also: sein jüngster Brief, von welchem er
hier redet, sollte sein Stellvertreter in Korinth sein, er sollte das
Strafgericht daselbst vollziehen, welchem der Apostel im trau=
rigen Angedenken an seine letzte Anwesenheit in der dortigen Ge=
meinde, jetzt sich, wenn möglich, persönlich entheben wollte. Wie
schwer dem Apostel selbst dieses nur brieflich zu übende Straf=
gericht wurde, entnehmen wir aus der beklommenen und schmerzlich=
bewegten Stimmung, in welcher derselbe sein Schreiben verfaßte
(Ἐκ γὰρ πολλῆς θλίψεως καὶ συνοχῆς καρδίας ἔγραψα ὑμῖν

διὰ πολλῶν δακρύων, 2, 4). Wie scharf andererseits sein Ton gewesen sein muß, erkennen wir daraus, daß Paulus sich jetzt, wo er von dem im Ganzen günstigen Erfolge desselben freudige Kunde erhalten hat, sich ersichtlich bemüht, die verwundenden Spitzen dessel= ben dadurch weniger fühlbar zu machen, daß er als den eigentlichen Endzweck des Briefes nicht die Bewirkung von Trübsal, sondern vielmehr die herauskehrt, daß die Leser seine gegen sie in vorzüg= licherem Maaße gehegte Liebe erkännten (Ebend. V. 4). Daß er selbst eingesteht, es habe ihn gereut, die Leser durch den Brief betrübt zu haben, obgleich dieses Bedauern jetzt nicht mehr Statt habe, wo er voll Freude auf ihre durch jenen bewirkte Gott wohl= gefällige Sinnesänderung hinblicken könne (7, 8). Sehen wir ferner auf den Inhalt dieses Betrübniß verursachenden Schreibens, so muß dasselbe namentlich einen Punkt vorzugsweise ins Auge gefaßt haben, nemlich die Bestrafung eines gewissen Menschen, von dem Paulus Cap. 2, 5—11 redet. Denn von dem strafenden Briefe Ebend. V. 3 u. 4. geht er unmittelbar zu dem über den Betreffen= den abgehaltenen Strafgerichte über,*) und da er die Tendenz jenes Schreibens V. 9 mit Bezug auf dieses Ereigniß von Neuem erwähnt: so muß nothwendig der in jenem dazwischenliegenden Ab= schnitte erwähnte Vorfall einen Hauptgegenstand dieses Briefes gebildet haben. Ebenso liegt die Sache in Cap. 7. Auch hier kommt Paulus, nachdem er von der Wirkung seines Schreibens gesprochen (V. 8—11), auf dessen Motiv und erklärt V. 12, wenn er auch (ohne Zweifel so scharf und strafend) geschrieben habe: so sei dies nicht des Beleidigers oder des Beleidigten wegen ge= schehen, sondern um seinen Eifer für die Leser in Bezug auf sie vor Gottes Angesicht zu beweisen. Hiermit ist natürlich nicht ge= leugnet, daß des Apostels strafendes Schreiben in engster Beziehung zu dem Cap. 2, 5—11 erwähnten Vorfall gestanden habe, sondern nur das als Mißverständniß dieses Briefes abgewendet, daß auf Seiten des Apostels persönliche Gereiztheit oder Parteilichkeit die Feder geführt habe, ähnlich wie Cap. 2, 9; 7, 1.

Natürlich müssen alle Diejenigen, welche annehmen, daß Titus ohne ein neues Begleitschreiben nach Korinth entsendet sei, alle die Stellen des 2. Korintherbriefes, in denen Paulus von einem unter

---

*) Daß 2 Kor. 2, 5 ff.; 7, 1. 12 sich auf den 1 Kor. 5, 1 ff. erwähn= ten Incesten beziehen, werde ich an einem anderen Orte näher begründen.

schmerzlich wehmüthiger Bewegung abgefaßten, ein unnachsichtiges Strafgericht über die Gemeinde ausübenden Briefe redet, welcher ganz jüngst bei der Anwesenheit des Titus einen so erfreulichen Erfolg in Korinth bewirkte, auf unser erstes kanonisches Sendschreiben an die dortige Gemeinde beziehen. Folgen wir für einen Augenblick dieser Auffassung und sehen wir, ob alle die im zweiten Korintherbriefe enthaltenen und von uns herausgehobenen charakteristischen Kennzeichen auf jenen Brief passen.

Der erste Korintherbrief beginnt bekanntlich mit einem Lobe der Gemeinde, wie es kaum günstiger ausgesprochen werden kann, 1, 5—7. Paulus sieht auf eine reich begabte mit allen christlichen Charismen geschmückte Genossenschaft von Gläubigen mit unverkennbarem Wohlgefallen und Dank gegen Gott hin. Freilich erfährt jene Anerkennung mannigfacher geistlicher Begnadigung der Gemeinde im weiteren Verlaufe des Schreibens erhebliche Einschränkungen durch Rügen, Warnungen, Zurechtweisungen, Mahnungen verschiedener Art. Es galt, einem bedenklich die Einheit der Gemeinde in Frage stellenden Parteigeiste entgegenzutreten, eitlem Weisheitsdünkel gegenüber, der grell mit sittlichem Libertinismus, namentlich in sexueller Hinsicht, contrastirte, die einfache Grundthatsache des Evangeliums zur Anerkennung zu bringen, eine Anzahl von Unordnungen und Mißbräuchen in dem Gemeindeleben hervorzuheben und auf deren Abstellung energisch hinzuwirken, einzelne positive Vergehungen zu strafen, hie und da aufgetauchte geringschätzende Urtheile über die Person und den Charakter des Apostels selbst zurückzuweisen und zu berichtigen. Sehen wir nun auf den Ton, den Paulus in diesem seinem Briefe anschlägt, so ist er in dem bei weitem größten Theile desselben ein auf vorgelegte Fragen, angeregte Zweifel und Bedenken ruhig und leidenschaftlos eingehender, sich rein an die Sache haltender, sich voll Vertrauen an die eigene bessere Einsicht der Leser selbst wendender. Nur an denjenigen Punkten, wo sich bedenklichere Bestrebungen geltend gemacht haben, grelle sittliche Vergehungen hervorgetreten sind, vernehmen wir eine sehr ernste, rückhaltlose, vom vollen apostolischen Selbstbewußtsein getragene, sich bis zur Drohung erhebende (vergl. z. B. 4, 19. 21) oder von Ironie gefärbte (4, 10 ff.) Sprache. Allein wo im ersten Korintherbriefe sind Stellen zu finden, die von der tiefsten inneren Bekümmerniß, von einer sich in Thränen auflösenden Wehmuth diktirt erschienen? Bis jetzt sind solche noch von keinem

Klöpper, Untersuchungen ꝛc.

2

Exegeten und Kritiker nachgewiesen worden. Und wodurch sollte auch zur Zeit, wo Paulus jenen Brief schrieb, diese angstvoll beklommene, sich bis zum Vergießen von Thränen steigernde Stimmung herbeigeführt worden sein? Gewiß machten die Parteiungen in Korinth und die theils mit ihnen in innerer Verbindung stehenden, theils unabhängig davon zu Tage getretenen religiösen und sittlichen Abirrungen von der genuinen Natur der evangelischen Wahrheit, die theilweise Verkennung seiner eigenen reinen Absichten und apostolischen Wirkungsweise damals dem Paulus nicht geringe Sorge und Bekümmerniß. Allein trotzdem erhalten wir aus dem ersten Korintherbriefe überall den Eindruck, als sei dem Apostel das gute Vertrauen zu der Besonnenheit und der Folgsamkeit der Leser, die so eben noch in einem Brief eine Reihe von das Gemeindeleben betreffenden Anfragen seinem eigenen Urtheile und seiner Entscheidung mit bereitwilligem Entgegenkommen unterstellt hatten, im Großen und Ganzen noch keineswegs erschüttert, und als schreibe er durchweg in der Zuversicht, durch sein ernstes und bewegliches Wort Alles das zu beseitigen, was einem gesunden Gedeihen der an sich geistlich so reich beschenkten Gemeinde entgegenstand. Selbst in dem Falle, dessen Bekanntwerden seine heilige Entrüstung in hohem Maaße hervorgerufen hatte (Cap. 5), finden wir wohl diese sich in der kurzen kategorischen Weisung zur Strafvollstreckung gegen den Frevler einen unzweideutigen Ausdruck gebend (V. 3—5; V. 13). Allein ein Zweifel, daß seinem Befehle etwa keine Folge gegeben, ein Mißtrauen, daß sein Wort in Korinth keine Stätte mehr finden werde, Aeußerungen, daß er Grund zu der Befürchtung habe, seine besten Absichten, seine reinsten Bestrebungen für das Heil der Leser möchten nicht bloß von Einzelnen, sondern von der Gemeinde selbst gänzlich verkannt, sein Eifer um sie völlig gemißdeutet, seine Liebe verschmäht, sein persönlicher Charakter verdächtigt werden, kurz irgend etwas von dem, was die 2 Kor. 2, 4 geschilderte Gemüthsstimmung irgendwie ausreichend psychologisch zu erklären vermöchte, findet sich im ersten Korintherbriefe schlechterdings nicht. Mochte Paulus, wie wir oben bei Gelegenheit der Empfehlung des Timotheus hervorgehoben haben, sich von einzelnen gegen ihn verbitterten Persönlichkeiten, von gewissen ihm entfremdeten Kreisen eine ernstlichere Opposition gegen manche seiner brieflichen Weisungen, eine rücksichtslose Behandlung und Verunglimpfung seines Abgesandten,

eine trotzige Abweisung seines Strafmandats gegen den Unzüch=
tigen immerhin für nicht außerhalb der Möglichkeit liegend erachtet
haben: daß der größere Theil der Gemeinde selbst ihm den Gehor=
sam auffagen, sich offen gegen seine apostolische Auctorität auf=
lehnen, seinen so warm empfohlenen Mitarbeiter unverrichteter
Sache ihm wieder zusenden werde, — Dinge, die allein einem
Manne wie Paulus bittere Thränen entlocken konnten, — von einer
solchen Vorahnung findet sich, wir wiederholen es, im ersten
Korintherbriefe nichts.

Ein sicherer Beweis für die Richtigkeit der Auffassung der
Stimmung, aus welcher heraus Paulus unseren ersten Korinther=
brief geschrieben hat, ist die Art und Weise, wie er in diesem
Briefe seine Reise nach jener Stadt ankündigt. Wir sehen daselbst,
ohne Motivirung, weßhalb er bis jetzt noch nicht gekommen sei,
ohne sein Kommen überhaupt von der eventuellen
Aufnahme seines Schreibens abhängig zu machen,
kündigt er im vollen guten Vertrauen, daß sein Brief ihm den Weg
bereiten, also von dem Kern der Gemeinde befriedigend aufge=
nommen werden werde, einfach, bestimmt und unzweideutig seine
Reise zu ihr nach genauer Zeitangabe und näherer Route an
(16, 3—9). Lediglich über die (ob den ganzen Winter oder nur
einen Theil desselben einnehmende) Dauer seines bevorstehenden
Aufenthaltes in Korinth giebt der Apostel kein streng bindendes
Versprechen, sondern überläßt dieselbe den Umständen (vergl. ebend.
τυχόν V. 16; ἐὰν ὁ κύριος ἐπιτρέπῃ, V. 7). Daß er aber
Pfingsten Ephesus verlassen, und auf dem Landwege, Macedonien
durchziehend, zu den Lesern kommen und einige Zeit bei ihnen
bleiben werde, spricht er mit unbedingter Sicherheit als ihm völlig
feststehenden Plan aus. Hätte Paulus dies thun können, wenn die
Lage und die Gemüthsverfassung, in welcher er sich damals befand,
die war, welche 2 Kor. 1, 23. — 2, 4 von ihm geschildert ist?
Durfte der Apostel, der, wie wir gesehen haben, in diesem Ab=
schnitte seine schmerzlich erregte, trostlose, sich in Thränen Luft
machende Stimmung offenbart, der sich bewußt war, durch seinen
eben geschriebenen Brief die Leser in die tiefste Betrübniß versetzt
zu haben, in dieser Lage ihnen so ohne jegliches Bedenken, ohne
hervorzuheben, daß nur die würdige Aufnahme seiner schriftlichen
ernstlichen Mahnung zur Umkehr ihnen den Anspruch auf seine
von strafendem Eingreifen freie persönliche Anwesenheit geben werde,

2*

seine nahe bevorstehende Reise zu ihnen mit allem Detail anzukün=
digen? Unmöglich. Wir sehen also auch hier, die 2 Kor.
1, 23 bis 2, 4 und namentlich 2, 4 vorliegende Situation ist nicht die=
jenige, aus welcher der erste kanonische, sondern ein anderes Schrei=
ben des Apostels an die Korinther hervorgegangen ist.

Und für dieses andere Schreiben haben wir in der nemlichen
Reiseangelegenheit noch ein unterstützendes Moment im folgenden Um=
stande. Wir sehen, dem Apostel war jüngst von gewissen korinthischen
Gemeindegliedern der Vorwurf gemacht worden: er drücke sich in sei=
nen Briefen nicht offen und unzweideutig aus, vielmehr verstecke sich
hinter seinen Worten ein anderer Sinn, als der nächste Wortlaut
vermuthen lasse (2 Kor. 1, 14). Da Paulus nach der Zurück=
weisung dieser Beschuldigung unmittelbar auf die Reiseangelegenheit
übergeht, und wir sonst gar keinen andern Gegenstand uns denken
können, über den der Apostel nach der Meinung seiner Gegner sich
nicht vollkommen durchsichtig ausgedrückt habe: so dürfen wir gewiß
annehmen, daß die letzteren in seinen Briefen über seine Hinkunft
nach Korinth eine gewisse reservirte und verklausulirte Sprache
gefunden haben werden. Dies wird noch deutlicher, wenn wir auf
die Beschuldigungen näher hinblicken, die dem Paulus in Beziehung
auf seine Reiseprojekte gemacht wurden. Man warf ihm bei seinen
Entschließungen in diesem Punkte ein leichtfertiges Wesen ($\dot{\varepsilon}\lambda\alpha\varphi\varrho\dot{\iota}\alpha$,
Ebend. V. 17) vor. Er fasse seine Pläne $\varkappa\alpha\tau\dot{\alpha}$ $\sigma\dot{\alpha}\varrho\varkappa\alpha$ in der
Weise, daß er sich von vorneherein die Möglichkeit offen lasse, aus
seinem Ja Ja, d. h. aus seiner Zusage, zu den Lesern zu kommen,
ein Nein, Nein, d. h. eine Absage werden zu lassen. In seiner
Vertheidigung geht nun der Apostel auf eine Aenderung seines
Reiseplanes zurück. Wir erfahren, daß er ursprünglich (wahrschein=
lich in seinem ersten verloren gegangenen Briefe an die Korinther),
versprochen hatte, auf dem Seewege direkt zu ihnen zu kommen,
allein Korinth zunächst nur als Durchgangsstation nach Macedonien
zu benutzen, dann von Macedonien zu ihnen zurückzukehren und sich
das Geleit nach Jerusalem geben zu lassen (2 Kor. 1, 15—16).
Bekanntlich erfuhr dieser Plan, wie wir aus 1 Kor. 16 sahen, eine
Abänderung in der Weise, daß der Apostel dem Landwege nach
Korinth den Vorzug gab, ebendeßhalb aber auch nicht mehr von
einem zweimaligen Besuche daselbst redete, dafür aber der Gemeinde
einen längeren Aufenthalt zusagte. Vergleichen wir beide Reise=
pläne mit einander, so ist klar, was heut zu Tage kaum noch von

irgend jemand bestritten wird, daß hier allerdings ein Wechsel in
den Entschließungen des Apostels vorliegt. Allein daß diese Aende=
rung des Reiseplanes zum Nachtheil der Leser ausgefallen sei, wird
man nicht behaupten können. Denn wenn auch Paulus nach seinem
ursprünglichen Plane auf dem Seewege früher nach Korinth gekom=
men wäre, so scheint er doch der dortigen Gemeinde nur einen
ziemlich kurzen vorübergehenden zweimaligen Besuch zugedacht zu
haben, wogegen er nach seinem geänderten Reiseprojekt ihr ein
längeres Verweilen seinerseits zusagte. In Anbetracht dieses kann
man es sich nicht recht vorstellig machen, wie dem Apostel die Ab=
änderung seines im zweiten kanonischen Briefe vorliegenden Planes
in den im ersten kanonischen Korintherbriefe angekündigten an sich
schon den Vorwurf zugezogen haben sollte, daß seine Zusage, nach
Korinth zu kommen, von vorneherein mit der Absicht, nicht dahin
zu kommen, behaftet gewesen sei. Denn offenbar verhält sich der
erstere Reiseplan zu dem zweiten nicht wie Ja zu Nein, wie Zusage
zur Absage. Es muß also nothwendig noch etwas hinzugekommen
sein, worauf die Gegner des Apostels ihre Beschuldigung mit einem
größeren Schein von Berechtigung gründen konnten. Und dieses
Hauptmoment werden wir aus dem dem Titus mitgegebenen Briefe
zu entnehmen haben, der, wie wir uns überzeugt haben, in einer
Lage und Gemüthsverfassung geschrieben war, daß Paulus schlechter=
dings nicht sein baldiges Kommen nach Korinth in unbedingte Aus=
sicht stellen konnte. Machte nun aber der Apostel seine Reise
ebendahin von gewissen oben besprochenen Umständen abhängig: so
konnten seine Gegner erst hierdurch eine ausreichendere Unterlage
zu jener Anklage zu haben glauben, es sei ihm von Anfang an mit
seinem Kommen nicht voller unbedingter Ernst gewesen, sondern,
wie sein letztes Schreiben, das sein Hinkommen in ungewisser
Schwebe lasse, beweise, müsse auch die ursprüngliche Ankündigung
seiner Reise nach Korinth schon von dem stillen Gedanken begleitet
gewesen sein, sich seiner Zusage zu entziehen. Der so formulirten
Anklage der Gegner des Apostels entspricht ganz die Art und
Weise, wie dieser sich gegen dieselbe vertheidigt. Paulus macht gel=
tend, daß seine ursprüngliche Absicht, direkt nach Korinth zu kom=
men, auf einer Voraussetzung gegründet gewesen sei, die sich leider
nicht bewahrheitet habe, nemlich darauf, daß die Gesinnung der
Leser gegen ihn eine unveränderte bleiben würde (2 Kor. 1, 15).
Allein da er in Korinth persönlich nur als Strafrichter hätte auf=

treten können, so hätte er sich aus Schonung gegen die Leser und
mit Rücksicht auf seinen eigenen Gemüthszustand bisher fern von
ihnen gehalten (Ebend. 23 — 2, 2). Hieraus erhellt, daß nicht
eigentlich die Abänderung seines 2 Kor. 15 erwähnten Reiseplanes
in den 1 Kor. 16 vorliegenden derjenige Punkt war, auf den die
Gegner hinzielten und rücksichtlich dessen sich Paulus vertheidigt,
sondern die ziemlich im Sinne einer Absage lautende oder wenig=
stens gedeutete Aeußerung seines jüngsten Briefes, der die ursprüng=
liche Zusage zu dem Zwecke gegenübergestellt wurde, um jene Be=
schuldigung zu erheben. —

Wir dürfen nunmehr, wo uns von verschiedenen Seiten die
hohe Wahrscheinlichkeit eines von Paulus dem Titus nach Korinth
mitgegebenen Schreibens entgegengetreten ist, den Versuch wagen,
den Inhalt und die Form desselben, so weit dies aus den Spuren,
die sich im zweiten kanonischen Briefe verfolgen lassen, thun läßt,
noch etwas näher zu charakterisiren. Mußten wir schon früher,
wie wir die Mission des Timotheus nach Korinth besprochen, es
für den schwierigsten Theil seiner zu lösenden Aufgabe ansehen, die
Gemeinde zum Gehorsam gegen die Vollstreckung des apostolischen
Verdikts gegen den Blutschänder zu bewegen: so wurde ohne Zweifel
dieser Punkt die Veranlassung zu einer Katastrophe in Korinth,
welche die weit greifendsten Folgen hatte. Reflektiren wir darauf,
von welcher Seite der Gemeinde der Weisung des Apostels in
Betreff des Unzüchtigen der heftigste Widerstand geleistet sein
wird: so werden wir in erster Linie unter seine Gegner in dieser
Sache diejenigen zu rechnen haben, die schon im ersten Korinther=
briefe als bei einer aufgeblähten Weisheit, in sexueller Hinsicht
stark emancipirt gekennzeichnet sind (3, 16 — 17; 5, 1, 9 — 11;
6, 9 ff. 12 — 19), und denen der Apostel auch noch im 2. Ko=
rintherbriefe mit scharfer Strafe droht (12, 21; 13, 2). Diese
wie es scheint ziemlich zahlreiche Klasse sah sich in dem zu voll=
ziehenden Strafgerichte gegen den Einen am meisten gravirten selbst
bedroht und angegriffen, und wird jegliche Betheiligung an der
Vollstreckung des Urtheils schlechtweg von der Hand gewiesen haben.
Indessen würde doch immerhin der Widerstand dieser sittlich ziem=
lich tief stehenden Gemeindeglieder nicht ausgereicht haben, daß der
Weisung des Apostels vor der Hand keine Folge gegeben wurde.
Die Verstimmung und Aufregung gegen Paulus muß sich ohne
Zweifel in weitere Kreise verbreitet haben. Von dieser werden

wir in der vorliegenden Sache die judenchriftlichen und judaifti=
schen Parteigruppen auszunehmen haben. Denn mochten sie auch
in Betreff anderer Dinge Grund genug zu einer Opposition gegen
denselben zu haben glauben: in der strengen Bestrafung eines Men=
schen, der sich einer selbst unter Heiden unerhörten Sünde schuldig
gemacht hatte, konnten sie nur auf die Seite des Paulus treten.
Dagegen werden die gewandten Deduktionen jener Emancipirten
unter manchen Anhängern der Paulus= und Apollo=Partei nicht
verfehlt haben, ziemlich bedeutende Propaganda zu machen, da ein
geeigneter Boden für die Aufnahme dieser Saat nicht fehlte. Der
erste Korintherbrief legt ja nemlich unzweifelhaft Zeugniß dafür ab,
welch' ein überschwängliches Selbstbewußtsein und idealiftisch=über=
spanntes Hochgefühl sich eines großen Theiles der heidenchriftlichen
Gemeindeglieder bemächtigt hatte. Bei ihrer Uebersättigung, bei
ihrem Reichthum an allen chriftlichen Gnadengütern waren sie schon
bis zur vollendeten messianischen Reichsherrlichkeit angelangt, bei
der sie der apoftolischen Beauffichtigung und Leitung bereits ent=
wachsen zu sein wähnten (4, 8). Sie waren φρόνιμοι ἐν Χριστῷ
ἰσχυροί, ἔνδοξοι, wogegen Paulus sich nicht rühmen durfte, bereits
diese Höhe der Einsicht, der Stärke, der Verherrlichung erftiegen zu
haben (Ebend. B. 10). Wurde nun in diese so geftimmten Kreise
auf Veranlassung der über den Blutschänder vom Apostel angeord=
neten Bestrafung von den Gesinnungsgenossen jenes Freblers die
Parole hineingeschleudert: Paulus werfe sich, dem eigenen Ermessen
der Gemeinde vorgreifend, in dieser Sache zum Herrn ihres Glau=
bens auf (vergl 2 Kor. 1, 24); die von ihm kategorisch verlangte
Züchtigung habe es auf das Verderben, das Zugrunderichten eines
Gemeindegliedes abgesehen (vergl. 2 Kor. 7, 1); Paulus lasse sich
von persönlich=feindseliger Gereiztheit gegen den Betreffenden leiten,
sowie er andererseits in parteiischer Freundschaft für dessen Vater
in so leidenschaftlichen Eifer gerathen sei (vergl. 2 Kor. 7, 12);
er, der sich sonst immer als διάκονος τῆς καταλλαγῆς angesehen
wissen wolle, sei in dieser Angelegenheit auf den Standpunkt des
Alten Bundes zurückgefallen und zum Anwalt der διακονία τῆς
διακρίσεως geworden (vergl. 2 Kor. 5, 19 mit 3, 9), er fange
jetzt an, sein apoftolisches Amt εἰς καθαίρεσιν οὐκ εἰς οἰκοδομήν
anzuwenden (vergl. 2 Kor. 10, 8; 13, 10); — wurden, sagen wir,
von der gedachten Seite diese oder ähnliche Beschuldigungen gegen
den Apostel erhoben: so wird es nicht bloß unter den bisher schon

dem Paulus durch verschiedene Umstände entfremdeten, sondern selbst unter seinen bis jetzt wärmeren Anhängern nicht an solchen gefehlt haben, die sich durch den Schein dieser Deklamationen blenden ließen, und denen die Person und die Motive des Apostels anfangs zweifelhaft und undurchsichtig, im weiteren Verlaufe herzlos, herrsch= süchtig und unerträglich erschienen. Zieht man ferner in Betracht, wie wankelmüthig, veränderungsbegierig, unzuverlässig, von einem Ex= treme in das entgegengesetzte umschlagend der hellenische National= charakter war: so können wir vollständig begreifen, wie sich zwischen der Gemeinde und dem Apostel eine Kluft aufthat, die weit tiefer gewesen sein muß, als man sich gewöhnlich vorstellt, und die nur von einem Manne wie Paulus wieder überbrückt werden konnte.

Dies geschah zunächst durch den dem Titus mitgegebenen Brief, der, wie uns jetzt vollkommen klar sein wird, die Stimmung treu wiedergespiegelt haben muß, welche 2 Kor. 2, 3—4 vom Apostel selbst geschildert ist. Da für den Augenblick alle übrigen Fragen durch die jüngsten sich an das Verfahren gegen den Unzüchtigen an= knüpfenden Ereignisse in den Hintergrund getreten waren: so sind diese letzteren der eigentliche Gegenstand, um den sich der wohl nur kurze aber um so kraftvoller gehaltene Brief bewegt hat. Paulus wird nicht verfehlt haben, gegen die eigentlichen Anstifter des vor= liegenden tiefen Zerwürfnisses, die offnen und geheimen Freunde des Verbrechers, die Verführer der Gemeinde, die arglistigen Ver= leumder seines guten Namens und seiner uneigennützigen, die reine Sache des Evangeliums vertretenden Bestrebungen die ganze ver= nichtende Kraft seines Wortes zu richten, und ein schonungsloses Gericht über dieselben abzuhalten. Dabei konnte er nicht umhin, mehrfach von seiner eigenen Person in dem vollen Bewußtsein des ihr durch Gottes Gnade verliehenen Werthes zu reden, und die Erhabenheit und das Vollgericht der ihm übertragenen apostolischen Machtbefugniß hervorzuheben. (Man beachte, wie oft Paulus sich im 2. Korintherbrief gegen den Vorwurf des ἑαυτοὺς συνιστάνειν zu vertheidigen bemüht, vergl. 3, 1; 5, 12; 10, 13; 11, 1). Aber nicht bloß die sittenlosen Beschöniger des unerhörten Ver= gehens und die Schürer der gegen den Apostel erregten feindseligen Bewegung werden eine harte briefliche Züchtigung erfahren haben, sondern auch für die verführten, aus Liebe und Vertrauen in Kälte und Argwohn umgewandelten Herzen wird Paulus sehr eindringliche Worte gefunden und tief in die verirrten, von falschen Wahngebilden

bethörten, von schwächlichen Motiven geleiteten Gewissen hinein=
gesprochen haben. Freilich wird er im Hinblick auf manche edlere,
nur von augenblicklichem Taumel mit fortgerissene Naturen natur=
gemäß auch derjenigen Stimmung einen Ausdruck verliehen haben,
die uns schon früher neben der scharfen Rüge als der andere Grund=
ton seines letzten Schreibens aus 2 Kor. 2, 4 entgegentrat, nemlich
der Wehmuth, die sich in Thränen auflöst, weil sie sich von eng
befreundeten Gesinnungsgenossen nicht mehr verstanden, durch un=
selige Mißverständnisse verkannt, ja im Stiche gelassen sieht, weil
sie wahrnimmt, daß Herzen sich gegen sie verschließen, mit denen sie
einen Bund für immer geschlossen zu haben glaubte (vergl. 2 Kor.
11 — 13).

Somit dürfen wir als den letzten Zweck dieses Briefes den
angeben: die Gemeinde zum Gehorsam gegen den Apostel und zu=
nächst vor Allem zum Sichaufraffen zu einer That zu bestimmen,
durch welche sie offenkundig Zeugniß ablegte, daß sie noch auf den
Namen einer heiligen (ἅγιος und ἁγνός) Gemeinde fernerhin An=
spruch mache. Und diese That war keine andere, als die Voll=
ziehung der Strafe, die der Apostel für den Incesten gefordert hatte.

Wir sahen bereits, welche Wirkung dieser durch Titus über=
brachte Brief auf die Gemeinde hervorbrachte. Der Apostel kann
die ihm von seinem Gesandten zurückgebrachten Nachrichten als ihm
Trost zuführende (2 Kor. 7, 7), als ihm hohe Freude bereitende
(Ebend. V. 13) rühmen. Der nächstliegende Zweck war erreicht.
Zu einer Bestrafung des Unzüchtigen hatte sich die Mehrzahl der
Gemeinde ermannt. Zwar war es nicht das volle Strafmaaß,
welches der Apostel gefordert hatte, das sie gegen jenen Sünder
festsetzte. Allein es war immerhin eine Strafe (ἐπιτιμία 2 Kor.
5, 7), mit der sich Paulus in Anbetracht der Umstände zufrieden=
gestellt erklären konnte. Einmal war überhaupt das vorliegende
Vergehen öffentlich von dem größeren Theile der Gemeinde als
solches gerügt, und an dem Thäter das Princip der ἁγνεία als
unantastbares gewahrt worden, und hiemit dem Apostel, der jenes
zur Anerkennung gebracht hatte, eine Satisfaktion bereitet. Zweitens
hatte die Strafe auf den Schuldigen ihren Zweck erreicht, eine
λύπη, — und wir dürfen gewiß annehmen eine λύπη εἰς μετάνοιαν — war bei ihm bewirkt. Paulus konnte schon jetzt eine
Aufforderung an die Gemeinde ergehen lassen, eine Verzeihung für
den Betreffenden festzusetzen (2 Kor. 2, 6—7). Endlich war auf

Anlaß dieses in Rede stehenden Vorganges ein neues Moment her=
vorgetreten, von dem Titus Kenntniß genommen und dem Apostel
Bericht erstattet haben muß. Mit diesem verhält es sich folgender=
maßen. Erwägen wir nemlich, aus welchen Bestandtheilen die Mi=
norität bestanden haben werde, welche es ablehnte, die 2 Kor.
2, 6 erwähnte „ἡ ἐπιτιμία αὕτη" festzusetzen: so werden wir gewiß
auf zwei heterogene Elemente erkennen können. Ein Theil der Mi=
norität wird die Bestrafung überhaupt abgelehnt haben, weil sie
sich in dem wegen einer flagranten πορνέια einer Kirchenzucht
Unterworfenen gewissermaßen selbst verurtheilt haben würde. Wir
kennen diese Gattung bereits, und Paulus kündigt ihr an, daß er
bei seiner bevorstehenden Hinkunft nach Korinth keine Schonung
gegen sie üben werde (2 Kor. 12, 21; 13, 2). Allein nicht bloß
diese „προημαρτηκότες" werden sich von der Majorität ausge=
schlossen haben: sondern ebensowohl die judaistisch Gesinnten, denen
die festgesetzte ἐπιτιμία weitaus nicht streng genug erschienen sein
kann. Nach Levit. 18, 8; 20, 11; Deut. 27, 20 war Todesstrafe
für das in Rede stehende Verbrechen festgesetzt. Konnten sich die
Judaisten in Korinth nun allerdings keine Aussicht machen, den
Buchstaben des Mosaischen Gesetzes in dem vorliegenden Falle zur
Geltung zu bringen, so werden sie doch für eine möglichst jenem
nahe kommende und irgendwie zugleich ausführbare Strafe agitirt
haben. Da nun die von Paulus geforderte Behandlung des Schul=
digen so ziemlich wohl das strengste Strafmaaß war, welches sich
von der Gemeinde in Vollzug setzen ließ: so hat es gar nichts Un=
wahrscheinliches, daß die sonst heftigsten Gegner des Apostels in
diesem Punkte auf seiner Seite waren. Allein die Zwecke, die sie
zugleich mit dieser ihrer Agitation verbunden haben werden, die
Ausbeutung dieses traurigen Falles, der zu einer Entfremdung und
einem Zerwürfniß zwischen der Gemeinde und Paulus führte, für
ihre eigenen Pläne, mußte den letzteren doch etwas bedenklich in
Betreff dieser zweideutigen und unnatürlichen Bundesgenossenschaft
machen. Hätte der Apostel nach empfangener Nachricht von dem
gelinderen und zugleich seinen Zweck erreichenden Strafverfahren gegen
den Schuldigen an seiner ursprünglichen Weisung festgehalten: so
mußte er befürchten, das so eben erst wieder angeknüpfte Band der
Versöhnung mit den Lesern zu zerreißen, die Gemeinde in ein Chaos
dissentirender Parteien aufzulösen, und damit seinen judaistischen
Gegnern vollen Spielraum zu gewähren, im Trüben zu fischen und

ihn selbst von einem Territorium zu verdrängen, in welches er sich nach deren Ansicht eigenmächtig eingedrängt hatte, das aber nur ihnen von Rechts wegen gebührte (vgl. 2 Kor. 10, 13 ff.). Unter diesen Umständen begreifen wir vollkommen, was der Apostel mit den Worten meint: „ἵνα μὴ πλεονεκτηθῶμεν ὑπὸ τοῦ σατανᾶ· οὐ γὰρ αὐτοῦ τὰ νοήματα ἀγνοοῦμεν", und können seiner Weisheit nur vollkommene Anerkennung zollen, wenn er auf Grund eines bei der Gemeinde und dem Verbrecher erzielten λυπηθῆναι εἰς μετάνοιαν, die zugleich eine κατὰ θεὸν λύπη war (2 Kor. 2, 7; 7, 8 —9), auf Grundlage einer erreichten ὑπακοή (2 Kor. 2, 9; 7, 15), die Aufforderung ergehen ließ zu einer öffentlich zu erklärenden Verzeihung gegen den Menschen, der sich so schwer vergangen, so viel Unheil über die Gemeinde gebracht, aber der ernstliche Sinnesänderung gezeigt, und dessen Sache nun nicht mehr von judaistischen Zwietrachtsäern ausgebeutet werden durfte, ohne daß noch schlimmere Zustände, als die eben dem Princip nach wenigstens beseitigten, heraufbeschworen wurden.

Wir haben den Vorfall mit dem Incesten, welcher das Hauptmotiv des verloren gegangenen, dem Titus als Begleitschreiben mitgegebenen Briefes bildete, bis in sein letztes Stadium verfolgt, weil es uns darauf ankam, die Situation klar zu machen, aus welcher heraus der zweite kanonische Korintherbrief geschrieben wurde. Mußten wir im Verfolg dieser Angelegenheit zuletzt des Judaismus als eines nicht zu unterschätzenden Faktors Erwähnung thun, der bedeutsam in das große, bis jetzt von uns in Betracht gezogene, zwischen der korinthischen Gemeinde und dem Apostel Paulus verhandelte Drama mit eingriff, so werden wir dieser für das Verständniß des zweiten Korintherbriefes so überaus wichtigen Erscheinung eine eigene ausführliche Besprechung widmen in dem zweiten Hauptabschnitte unserer exegetisch-kritischen Untersuchungen. Wir werfen hier zum Schlusse dieses Abschnittes nur noch die Frage auf, wie es zu erklären sei, daß das von uns aufgewiesene in der Reihe der uns bekannten Briefe des Apostels an die Korinther den dritten Platz einnehmende Schreiben der Nachwelt nicht aufbewahrt geblieben ist. Die Antwort hierauf wird nicht schwer zu finden sein. Der betreffende Brief nemlich war ja nach allen nachweisbaren Merkmalen ein Schriftstück, welches in einem Augenblick erzeugt wurde, als der Konflikt zwischen der Gemeinde und dem Apostel seinen höchsten Kulminationspunkt erreicht hatte. Es repräsentirt den kritischsten, aber durch die sogleich von ihm hervorgebrachte erfolgreiche Wirkung glücklich überwundenen Moment des Kampfes. Das Schreiben fixirt die Gemeinde in ihrer tiefsten Erniedrigung, den Apostel in der höchsten Steigerung seiner seelischen Affekte. Sollte der Gemeinde viel daran gelegen sein, ihr wenig geschmeicheltes, in unerbittlich dunklen Naturfarben gezeichnetes Portrait auf kommende Generationen zu vererben, während sie das Bewußtsein hatte, daß nur eine kurze Spanne Zeit ihr Antlitz wirklich jene dargestellten Züge getragen habe, dagegen doch alsobald die edleren Formen ihrer Physiognomie wieder zu Tage getreten seien? Sollte sie sich haben überwinden können, ein Schreiben, über welches sein Verfasser selbst den versöhnenden Schleier des Bedauerns geworfen, das er gewisser= maßen gegen das gleich darauf folgende eingetauscht und durch dieses ersetzt hatte, in dessen größerer Hälfte ein freundlich mildes Licht über dem dunklen Hintergrund der letzten Vergangenheit ausgegossen liegt, mit eben solcher Sorgfalt als bleibendes Andenken an den Apostel zu conserviren und nach Auswärts mitzutheilen, wie jene beiden noch zu unseren Händen gelangten Briefe des Paulus an die Korinther? Wir meinen nicht, daß das zwischen diesen beiden Briefen an die dortige Gemeinde entsendete Schreiben des Apostels durch absichtliche Zerstörung verschwunden sei. Wohl aber glauben wir Grund zu der Annahme zu haben, daß man sich nicht bemühte, ein so durchaus nur auf einen brennenden Augenblick berechnetes und nur ihm dienendes Schriftstück durch Abschriften zu verviel= fältigen, noch weniger es an andere Gemeinden zu communiciren. Darum hat sein Wortlaut mit dem Zerfallen des einzigen Urexem= plars für uns zu existiren aufgehört, wenngleich seine einstige Existenz, wie wir hoffen, künftig von weit wenigeren Urtheilsberechtigten nur als eine „Hypothese" wird angesehen werden, um so mehr, da dem Manne, welchem das Verdienst gebührt, den Brief zuerst entdeckt zu haben, der wohlerworbene Ruf eines vorsichtigen und gewissen= haften Schriftforschers von allen Parteien mehr und mehr zuerkannt wird. —

II.

Die Christuspartei der apostolischen Gemeinde zu Korinth.

———

Die Frage nach dem Wesen der Christuspartei in Korinth hat schon seit längerer Zeit, wie allgemein bekannt ist, aufgehört, ein lediglich antiquarisches Interesse im engeren Sinne des Wortes für sich in Anspruch zu nehmen. Vielmehr hat dieselbe, seitdem man von verschiedenen Seiten her angelegentlich bemüht gewesen ist, das große Dunkel, welches auf der ältesten Epoche des Christenthums liegt, durch das Licht historisch-kritischer Forschung mehr und mehr aufzuhellen, eine Wichtigkeit erlangt, die einer Erscheinung immer beigelegt werden wird, mit deren Klarlegung man die Hoffnung verbinden darf, daß manches andere eng damit Verbundene eben= falls der genaueren geschichtlichen Einsicht werde aufgeschlossen wer= den. Da nemlich die Korinthische Gemeinde im apostolischen Zeit= alter mit ihren verschiedenen Parteien das Urchristenthum nach seinen Hauptmomenten gewissermaßen mikrokosmisch zu repräsentiren scheint, und wir über sie ohne Zweifel die verhältnißmäßig reichsten und ergiebigsten Quellen an unseren beiden an dieselbe gerichteten pau= linischen Briefen besitzen: so darf es kein Wunder nehmen, wenn hervorragende Gelehrte die korinthischen Parteiverhältnisse einer ein= bringenden und umfassenden Untersuchung unterzogen haben. Wenn bei diesen Forschungen der neueren Zeit mehr oder weniger von der Voraussetzung ausgegangen wurde, daß man von den Zuständen dieser, von differenten Strömungen so lebhaft bewegten urchristlichen Gemeinde einen Rückschluß machen dürfe auf die Verhältnisse der ältesten Kirche überhaupt: so glaubte man sich hiebei nicht ohne Grund auf ein Gesetz historischer Analogie berufen zu können, welches überall von der Geschichtsforschung da zur Anwendung gebracht zu werden pflegt, wo bei der Unzulänglichkeit äußerer Quellen über= wiegend combinatorisch verfahren werden muß. Je weitgehender

nun aber die Consequenzen sind, die man von dem Theil auf das
Ganze zu machen sich für berechtigt hält, desto sorgfältiger und
exakter hat man jedenfalls bei der Ermittelung des Thatbestandes
zu verfahren, welcher als die Basis für einen weiteren Aufbau
dienen soll.

Von den vier Parteien, in welche die korinthische Gemeinde
sich spaltete, lassen sich drei: die paulische, apollische und kephische,
im Ganzen sowohl ihrer Entstehung als Tendenz nach mit größerer
Klarheit der Anschauung darstellen, dagegen ist die Christuspartei, wie
sie sich am längsten irgend welcher genaueren Kenntniß entzogen hat,
so noch bis jetzt der Gegenstand für die verschiedenartigsten Hypo=
thesen geblieben. Demnach wird man namentlich in Beziehung auf
s i e die Untersuchung zu führen haben. Hiebei hat ein Umstand
für den, der von Neuem diesem Gegenstande seine Aufmerksamkeit
zuwendet, etwas Ermunterndes und ihn mit gutem Vertrauen Er=
füllendes, daß ersichtlich der Kreis, innerhalb dessen die unbekannte
Größe zu suchen ist, mit der Zeit immer enger geworden ist, ja
daß seit Storr's Hypothese über die Christuspartei (1788), ein
paar hervorragendere Forscher abgerechnet, die meisten nach einer
und derselben Seite hin ihre Schritte gelenkt haben, so daß, wenn
nicht alle Zeichen trügen, man vielleicht hoffen darf, in nicht zu
langer Zeit das Ziel zu erreichen, wenigstens insoweit, als hierin
bei einem immerhin nur spärlich erleuchteten Gegenstande die Rede
sein kann. Das wohlthuende Gefühl, daß jede Untersuchung über
letzteren die Grenzen, innerhalb deren sich die künftige Forschung
zu bewegen haben wird, entschieden mehr einenge, empfanden wir,
als wir die kürzlich von dem Herrn Prof. Beyschlag in den Stud.
u. Kritt., 1865, 2 H., mitgetheilte Abhandlung: „Ueber die Christus=
partei in Korinth", einer aufmerksamen Lektüre unterwarfen. Sie
gab uns den Beweis, wie mächtig die von F. Ch. Baur mit seinem
so allgemein bewunderten Scharfsinn weiter ausgebildete Storr'sche
Hypothese selbst in Kreisen nicht unbeträchtliche Spuren ihrer Wirkung
zurückgelassen hat, die sonst der Gesammtanschauung der Tübinger
Schule über das Urchristenthum ziemlich ferne stehen. Bekennt ja
Herr Dr. Beyschlag S. 271 selbst, daß seine Auffassung der Christus=
partei keinen Anspruch auf Neuheit mache, sondern daß sie nur die
hoffentlich gründlichere und glücklichere Durchführung d e s Grund=
gedankens sei, der bereits dem Lösungsversuche des alten Storr zu
Grunde liegt, und daß sie unter den neueren Erklärungen der

Baur'ſchen am nächſten ſtehe, ohne von den begründeten Ein=
wenbungen getroffen zu werden, welche Neander und Schenkel gegen
dieſelbe erhoben haben.

Da nun ſo von Dr. Beyſchlag in dankenswerther Weiſe das
Problem nach einer Pauſe, in welcher es einer eingehenderen Be=
trachtung nicht unterworfen worden war, von Neuem aufgenommen,
unſeres Erachtens aber nicht in allen Punkten zu einer befriedigen=
den Löſung geführt worden iſt: ſo möchte es immerhin der Mühe
werth erſcheinen, von dieſer Abhandlung unſeren Ausgang nehmend,
die Hauptpunkte, um die es ſich hier handelt, zu dem Zwecke näher
zu beſprechen*), um auf die für das Verſtändniß, zunächſt der beiden
Korintherbriefe, im Weiteren des apoſtoliſchen Zeitalters überhaupt
ſo wichtige Frage nach dem Weſen der Chriſtuspartei eine womöglich
mehr als bisher den gegebenen Daten entſprechende Antwort zu
finden.

Die hiſtoriſch = kritiſche Ueberſicht über die bisherigen Löſungs=
verſuche, mit welcher Dr. Beyſchlag ſeine Abhandlung einleitet, hat,
indem ſie das meiſt von Anderen**) bereits Ausgeführte überſicht=
lich und klar zuſammenfaßt, jedenfalls das Verdienſt, daß, worauf
wir ſchon oben als einen Umſtand von glücklicher Vorbedeutung hin=

---

*) Eine ſehr beachtenswerthe Kritik haben einige Hauptmomente der
B. Abhandl. gefunden in dem durch Scharfſinn und Gelehrſamkeit hervor=
ragenden Buche von Holſter: Zum Evang. des Petrus u. Paul. Roſtock, 1866.
Vergl. namentl. S. 21 ff. 430 ff. In wie weit der Verf. mit dieſem Ge=
lehrten übereinſtimmt und von ihm abweicht, wird ſich weiter unten heraus=
ſtellen. Daſſelbe gilt von Hilgenfeld in ſ. Zeitſchr. 1865. 3.

**) Eine vortreffliche geſchichtliche Ueberſicht über die verſchiedenen Anſichten,
welche betreffs der 1 Kor. 1, 12 erwähnten Parteien aufgeſtellt ſind, giebt Räbiger
in ſeinem noch immer ſehr lehrreichen Buche: Krit. Unterſſ. über den Inhalt
der beiden BB. des Ap. Paulus an d. Kor. Gem. mit Rückſicht auf die in
ihr herrſchenden Streitigkeiten, Bresl. 1847. S. 1—31. Wenn wir der Anſicht
des Verfaſſers, welcher der Chriſtuspartei die Exiſtenz abſpricht, nicht beipflichten
können, ſo hat dies, von anderem abgeſehen, darin ſeinen Grund, daß wir
uns unmöglich ſeine Erklärung von ἐγὼ δὲ Χριστοῦ 1 Kor. 1, 12, wonach
dies nicht die Parole einer vierten Partei, ſondern die gemeinſame Aeußerung
einer jeden der drei Richtungen ſein ſoll (S. 48), aneignen können. Wie im
höchſten Grade künſtlich iſt doch die Hypotheſe des Verf., wenn er annimmt,
daß die folgenden Aeußerungen nach dem ἕκαστος ὑμῶν λέγει ſo gefaßt wer=
den können, daß in ihnen ſich Nichts findet, was jeder ſagt, ſondern daß jeder
etwas anders ſagt, und daß nur im letzten Gliede, ἐγὼ δὲ Χριστοῦ, Etwas
hervortritt, das zugleich als Aeußerung eines Jeden erſcheint!

gedeutet haben, hieburch der Umkreis der Untersuchung erheblich ver=
engt worden ist. Hieher ist namentlich das zu rechnen, daß die
Hypothesen von Neander und Schenkel, welchem letzteren sich auch
de Wette nebst einigen Anderen angeschlossen hatte, als von der
durch Baur eingeschlagenen Bahn, welche wenigstens ihrer all=
gemeinen Richtung nach auf das rechte Ziel hinführe, ab=
weichende unglückliche Versuche charakterisirt worden sind. So richtig
nemlich auch einzelne kritische Instanzen sein mögen, welche die letzt=
genannten Gelehrten gegen den Baur'schen Lösungsversuch erhoben
haben: so ist es doch heutiges Tages eine offen vor Augen liegende
Thatsache, daß weder die Neander'sche, noch die Schenkel'sche Hy=
pothese sich auf die Dauer eine über kleinere Kreise hinausgehende
Zustimmung errungen hat, und daß Viele von denen, welche mit
Recht die de Wette'schen Commentare zu den ausgezeichnetsten rech=
nen, welche die exegetische Forschung geliefert hat, ihr Bedauern
darüber nicht verhehlen, daß die von ihm gelieferte Auslegung der
beiden Korintherbriefe unter dem Einflusse einer irrthümlichen Hy=
pothese nicht unerheblich in ihrem sonstigen Werthe beeinträchtigt
worden ist. Indem wir nun Beyschlag in diesem Theile seiner
Abhandlung den Resultaten, wenn auch nicht immer der Beweis=
führung nach, die zu denselben hinleitet, im Wesentlichen beipflichten
können: so erkennen wir es um so lieber an, daß wir uns mit ihm
auf einem gewissen, von ihm neu geebneten Territorium mit ihm
eins wissen, als wir uns später von ihm trennen müssen. Dieses
gemeinschaftliche Gebiet, auf welches, wie wir Grund zu glauben
haben, sich mit uns eine beträchtliche Anzahl von Theologen heutiges
Tages in dieser Frage stellen möchte, ist folgendes. Es gab wirk=
lich in der ältesten korinthischen Gemeinde eine Christuspartei neben
den drei anderen, 1 Kor. 1, 12 namhaft gemachten. Es genügt
nicht, dieselbe rein formell als die Partei der mit Rücksicht auf
die drei anderen schon bestehenden unparteiisch sein wollenden zu
bezeichnen. Es ist unzulässig, apriorische Konstruktionen des näheren
Wesens der Christuspartei lediglich auf Grund von I, 1, 12 zu
unternehmen, da wir namentlich an dem zweiten Korintherbriefe
eine Quelle besitzen, die uns vollkommen in Stand setzt, auf ihn
uns gründend, ein einigermaßen anschauliches Bild von jener zu
entwerfen. Im 10. Capitel dieses Briefes V. 7 ist diese Partei
eben so deutlich bezeichnet, wie 1 Kor. 1, 12. Die vom Apostel
im zweiten Korintherbriefe, namentlich Cap. 10—12, bekämpften

Gegner gehören der Christuspartei an. Endlich 2 Kor. 11, 22 läßt keinen Zweifel, daß die Christiner Judaisten waren. Mit diesen Prämissen, die Dr. Beyschlag von Neuem hingestellt hat, und von denen wir überzeugt sind, daß sie jeder künftigen Untersuchung über die Christuspartei, welche nicht von Neuem auf bedenkliche Abwege gerathen will, als sicher erkämpfte Voraussetzung zum Grunde liegen müssen, erklären wir uns vollkommen einverstan= ben. Indessen ist mit diesen allgemeinen Grundlinien, wenn auch immerhin schon eine dankenswerthe Umgrenzung des Gebietes vor= genommen, doch trotzdem noch Spielraum genug zu sehr erheblichen Differenzen in der näheren Charakterisirung der judaistischen Chri= stiner gelassen. Wie ja schon daraus erhellt, daß Baur's und Bey= schlag's Hypothesen beiderseits auf jenen Prämissen beruhen, und doch der letztere über die Hypothese des Tübinger Kritikers, trotz= dem er die seinige für ihr am nächsten stehend erklärt, das „völlige Todesurtheil" ausspricht (cf. S. 271 mit S. 231). Fragen wir nun zunächst, was Beyschlag an der Baur'schen Hypothese auszu= setzen hat, so ist es vornehmlich das, daß nach ihr die Christus= partei mit der petrinischen identificirt und somit der paulinisch= judaistische Gegensatz im apostolischen Zeitalter auf einen einfachen Gegensatz zwischen Paulus und Petrus erschlichen wird (S. 226). Wenn Baur dieses Resultat vornehmlich daraus hat folgern wollen, daß die Gegner des Paulus gegen diesen die Auctorität der jerusa= lemitischen Urapostel auf übertriebene Weise geltend gemacht hätten, und diese letzteren in den vom Apostel bezeichneten ὑπερλίαν ἀπόστολοι findet (2 Kor. 11, 5; 12, 11): so hat Beyschlag mit Recht von Neuem geltend gemacht, daß eine unbefangene Auslegung in den so charakterisirten „Aposteln" nur die in Korinth selbst an= wesenden Oppositionshäupter erkennen könne (S. 227). Ob nun freilich mit der Zurückweisung dieser irrthümlichen Deutung schon erwiesen ist, daß die Führer der Christuspartei überhaupt nicht in fremdem, sondern im eigenen Namen in Korinth aufgetreten seien (228), werden wir weiter unten zu erörtern haben. Ebenso lassen wir vor der Hand noch die Gegeninstanz Beyschlag's gegen die Baur'sche Hypothese, Paulus habe nicht durch seine Berufung auf Gesichte und Offenbarungen (II, 12, 1 ff.) gegenüber der Auctorität der Urapostel seine eigene erweisen können, weil jene Erfahrnisse, als nur Sache des Propheten, zum Erweise des Apostolats nicht ausgereicht hätten, und weil P. sonst zu diesem Zwecke immer auf die Erscheinung des auferstandenen Heilandes rekurrire, auf sich beruhen. Den N a m e n der Christuspartei hatte Baur bekanntlich folgendermaßen erklärt. Die judenchristlichen Gegner des Paulus in Korinth bildeten eigentlich nur e i n e Partei. Sie nannte sich nach Kephas, weil Petrus unter den Aposteln den Primat hatte. Sie (oder wenigstens die schroffere Fraktion derselben) nannte sich οἱ τοῦ Χριστοῦ, weil sie die ä u ß e r e Verbindung mit Christus und den Umgang mit ihm als das erste Kriterium des Χριστοῦ εἶναι und des apostolischen Berufes aufstellte. Hiegegen wendet Beyschag ein: haben sich die Christusleute laut dieses Namens einer u n m i t t e l b a r e n Verbindung mit Christus gerühmt, so können sie nicht das Ansehen des Petrus oder der Zwölf als die nothwendige V e r m i t t e l u n g Christi geltend gemacht haben (232). Bemüht sich so B. durchweg, die S e l b s t s t ä n d i g k e i t der Christuspartei gegenüber der Kephaspartei aufrecht zu erhalten und jegliches „Vasallenverhältniß“ der Christusleute zu Petrus und den Zwölfen in das Bereich der Phantasie und des Selbstwiderspruches zu verweisen: so wird nun die in Frage stehende Partei von ihm selber in folgender Weise charakterisirt.

Wie überhaupt das vom Apostel Paulus in Korinth gelegte ϑεμέλιον, Christus, von keiner Seite erschüttert worden war, so auch nicht von der Christuspartei (222). Zwischen ihr und Paulus fand lediglich ein ganz p e r s ö n l i c h e r Kampf Statt. Von einer f a c h l i c h e n Polemik, einer Bekämpfung gegnerischer L e h r e und einer Entwicklung paulinischer T h e o l o g i e im Gegensatz zu jener findet sich in den Korintherbriefen, namentlich im zweiten, nichts (229 und 241). Die Christiner waren „aus anderen Gegenden“ gekommene, mit Empfehlungsbriefen von anderen Orten, wo sie gewirkt, versehene, aber in Korinth durchaus selbstständig auftretende Leute, die es sich zum Ziel setzten, den Apostel Paulus aus seiner Stellung zu verdrängen. Sie scheinen sich das Ansehen gegeben zu haben, als ob s i e erst den Korinthern den wahren Jesus und das wahre Christenthum brächten; aber in Wahrheit brachten sie nichts vor, was diese Prätension irgend hätte berechtigen können. Namentlich folgt aus II, 11, 4, daß sie keine I r r l e h r e brachten (256). Die Mittel, deren sie sich zur Beseitigung des Paulus bedienten, waren außer dem bloßen V o r g e b e n, den Korinthern ein anderes Christenthum zu bringen, was aber eben nur eine reine Vorspiegelung war, da sie, wie eben bemerkt, in der L e h r e von Christo ganz mit Paulus übereinstimmten, eine Reihe von Verdächtigungen, durch welche sie die Persönlichkeit desselben als eine unbedeutende und unlautere herabzuziehen sich bemühten (257). Da unter den Gegenständen, deren die Gegner des Paulus sich rühmten, die hebräische Abkunft der vornehmste gewesen sein muß (II, 11, 22), so kann an der ebenso judaistischen als antipaulinischen Grundrichtung jener Leute im Allgemeinen kein Zweifel sein. Das Auffallende, daß diese so „entschieden über die Urapostel hinausgehende Judaisten" Nichts von allem dem an. sich tragen und dem Paulus gegenüber geltend zu machen suchen, was man sonst wohl von dieser Partei voraussetzen zu müssen meint (Gesetzesprebigt, Beschneidung): erklärt sich Bey= schlag daraus, daß sie verkappt auftretende Agitatoren waren, die zuerst nur Alles daran setzten, den großen Gegner des Judaismus zu beseitigen, um dann später mit ihren gesetzlichen Prätensionen herauszurücken (260, 261). Diese Judaisten nun, die sich aber von ihrem Judaismus nichts merken ließen, und die daher von Paulus ihres sachlich=lehrhaften Standpunktes wegen nicht angegriffen werden, obgleich ihr „gesetzlicher Hintergrund nicht außerhalb seines Gesichtskreises lag", kommen nun also nach Korinth, finden dort eine zerrissene Gemeinde, rufen ihr zu, daß sie ihnen den Christus brächten, deß sie eigen wären, und von dem die Korinther, nach ihren Parteiungen zu schließen, noch wenig zu wissen schienen; wenn sie ihnen folgten, würden sie nicht mehr des Paulus, Apollos und Kephas, sondern, wie sie, Christi sein. Das einzige, was diese Christiner scheinbar Vorzüglicheres bringen können als Paulus, sind einige Aeußerlichkeiten aus dem Leben des Messias, da sie Lands= leute und vielleicht persönliche Bekannte Jesu waren, auf welche äußere historische Kunde und Mittheilung von Christo sie einen echt pharisäischen Werth legen. Indem diese Leute sich mit der Prä= tension in eine paulinische Gemeinde einführten, ihr erst das echte wahre Christenthum zu bringen: so können dieselben nur unaposto= lische pharisäische Judaisten sein, für die es kein bündigeres Programm geben konnte, als die Parole des Χριστοῦ εἶναι (269, 261).

Dies in den wesentlichsten Zügen die Christiner nach Beyschlag. Bevor wir die Stellen der paulinischen Briefe, aus denen dies Resultat gewonnen wird, einer eingehenden Prüfung unterwerfen, können wir schon im Voraus gewisse Bedenken, die sich unwillkühr= lich gegen das entworfene Bild der in Rede stehenden Partei auf= drängen, nicht unterdrücken. Es macht immerhin schon von vorn=

herein einen etwas seltsamen Eindruck, daß wir eine judaistische
Partei von der schroffsten pharisäischen Richtung uns vorstellen sollen,
der doch im Grunde alle specifisch judaistischen Merkmale fehlen,
die namentlich ohne jeglichen von der paulinischen Theologie ab=
weichenden Lehrgehalt ist. Wie ist es denkbar, daß die korinthi=
schen Judaisten so von den galatischen Irrlehrern verschieden ge=
wesen sein sollen, die doch einen so ausgeprägten, von dem paulini=
schen abweichenden Lehrtropus hatten, daß Paulus ihnen ein ἕτερον
εὐαγγέλιον zuschreibt, und über diejenigen, die dies, von dem seinigen
abweichende, Evangelium verkünden, den Fluch ausspricht? (Gal.
1, 6. 9). Hatten nun aber die korinthischen Judaisten durchaus
keine von der paulinischen abweichende Lehrart, so begreift man
wiederum nicht, wie sie durch das bloße Vorgeben, einen andern
Jesus und ein anderes Christenthum zu bringen, irgend welchen er=
heblichen Eindruck auf eine im Glauben und in der Erkenntniß in
jedem Falle doch reich entwickelte Gemeinde, wie die korinthische war
(I, 1, 4 f.; II, 8, 7), zu machen im Stande gewesen sei. Man würde
doch, sollte man meinen, sie in Korinth genauer gefragt haben, worin
denn nun eigentlich ihr anderes Christenthum bestände, und, wenn
sie in Wirklichkeit nichts vorbringen konnten, was diese Prätension
irgend hätte berechtigen können, so wird es doch wahrlich so leicht
nicht, sich vorstellig zu machen, daß gewisse fremde, von unbekannten
Gegenden gekommene Leute, die im Grunde nichts als „Prahlhänse",
als „boshafte Verläumder der persönlichen christlichen Eigenschaften
des Apostels Paulus" waren, trotz ihrer völligen inneren Hohlheit
so Großes bewirken konnten, daß sie eine mit den verschiedenen
Charismen so reichbegabte und ursprünglich ihrem Gründer und
Apostel so treu anhängende Gemeinde demselben so entfremden
konnten, daß dieser sich genöthigt sieht, alle Mittel in Bewegung
zu setzen, um diese gründlich gestörte Harmonie von Neuem durch
die Sendung des Titus und durch unseren zweiten Korintherbrief
wieder herzustellen. Sagt ja doch Beyschlag sehr treffend und schön:
„Unter diesen Umständen macht die Situation des zweiten Briefes
den Eindruck einer Landschaft, über die ein schweres Wetter sich so
eben entladen hat; auf der einen Seite ist die Sonne wieder freund=
lich durchgebrochen und scheint verklärend auf die Spuren der Ver=
wüstung, während auf der anderen aus dunklen Wolken das Wetter=
leuchten noch fortdauert." War nun aber diese Verwüstung, worüber
kein Zweifel Statt findet, wesentlich durch die gegnerischen Christiner

herbeigeführt worden: so scheint ein irgendwie angemessenes Ver=
hältniß zwischen Wirkung und Ursache doch da nicht vorhanden zu
sein, wenn wir uns Menschen als diese Verstörer der Gemeinde
denken, die jeglichen positiven Gehaltes baar, ohne irgend welchen
festen dogmatischen, vom Paulinismus abweichenden, Kern waren,
auch keinen objektiven historischen Hintergrund und Stützpunkt hat=
ten, von wo aus sie ihre doch immerhin, wenn auch vielleicht nur
zeitweise, nicht unerheblichen erfolgreichen Operationen hätten be=
ginnen können. Man wird sich immer verwundert fragen müssen:
bedurfte es denn wirklich von Seiten des Apostels eines solchen Auf=
wandes von Kraft, wie er in dem zweiten Korintherbriefe vorliegt,
in welchem Paulus aus allen Tonarten psychologischer Affekte heraus=
spricht, und zugleich die höchsten Spitzen seiner theologischen Ueber=
zeugung im unverkennbaren polemischen Gegensatze gegen andersartige
Anschauungen, wenn auch nur kurz, aber mit so großer Schärfe und
Bestimmtheit, wie nur je, herauszuheben für nothwendig findet, —
um Leute, die im Grunde nichts als herzelaufene Maulhelden und
moralisch unlautere Subjekte waren, aus dem Felde zu schlagen,
und eine Gemeinde, die doch an Paulus und Apollo (von Silvanus
und Timotheus zu schweigen) längere Zeit hindurch so hohe Vor=
bilder christlicher Lehre und christlichen Wandels gehabt hatte, aus
der Umstrickung durch jene wieder frei zu machen? Waren aber
wirklich bei diesen antipaulinischen Gegnern, die von ihrem Judais=
mus nichts als ihre israelitische Abkunft und einige Notizen aus
dem Leben des historischen Christus offen zur Geltung brachten,
verderblichere Hintergedanken auf die allmählige vollkommene Judai=
sirung der korinthischen Gemeinde vorhanden: hat man ein Recht,
sich den Apostel Paulus so kurzsichtig vorzustellen, daß er bei Leuten
eines solchen Gelichters deren eigentliche Intentionen nicht klarer
durchschaut, und ihnen mit sachlichen Argumenten von durchschlagen=
derem Gehalte entgegenzutreten nicht für angemessen gehalten haben
sollte? Man thut wahrlich dem Apostel Paulus und seinem zweiten
Korintherbriefe keine große Ehre an, wenn man ersteren so gewaltige
Schläge auf so erbärmliche Gegner thun läßt, und in dem letzteren
von „sachlicher theologischer Erörterung Nichts", nicht einmal eine
Vertheidigung der „apostolischen Vollmacht", sondern nur (nach einer
ungemein subtilen Unterscheidung) der „apostolischen Persönlichkeit"
des Paulus findet.

Doch solche allgemeinen Wahrscheinlichkeits= und Unwahrschein=

lichkeitsargumente können natürlich in dieser Sache von vornherein nicht die Entscheidung geben. Wohl aber können sie im Voraus das Auge für die entscheidenden Stellen der Quellen schärfen, aus deren natürlicher und unbefangener Deutung allein gesicherte Resultate zu erhoffen sind. Gehen wir zum Zwecke der Charakterisirung der antipaulinischen Gegner des zweiten Korintherbriefes zunächst diejenigen Punkte näher durch, von denen aus wir ein Licht über jene zu erlangen uns versprechen dürfen.

Wir beginnen mit derjenigen Stelle, in welcher wir zuerst eine deutlichere Bezugnahme des Apostels auf Gegner antreffen, Cap. 2, 17. Von V. 14—16 weist Paulus auf die erfolgreiche Wirksamkeit seiner eigenen evangelischen Verkündigung an allen Orten, wohin er gelange, mit freudigem Danke gegen Gott hin. Und worin findet er die Qualifikation zu dieser seiner sich gewaltig Bahn brechenden, entweder zu Tod oder zu Leben führenden Predigt? Darin, daß er, der Apostel, nicht sei, wie die Vielen, $\varkappa \alpha \pi \eta \lambda \varepsilon \acute{\nu} o \nu \tau \varepsilon \varsigma \; \tau \grave{o} \nu \; \lambda \acute{o} \gamma o \nu \; \tau o \tilde{\nu} \; \vartheta \varepsilon o \tilde{\nu}$. Ohne Zweifel findet hier (wenn auch $\varkappa \alpha \pi \eta \lambda \varepsilon \acute{\nu} o \nu \tau \varepsilon \varsigma$ nicht auf $o \dot{\iota} \; \pi o \lambda \lambda o \dot{\iota}$, sondern auf $\dot{\varepsilon} \sigma \mu \acute{\varepsilon} \nu$ sich bezieht) eine polemische Rücksichtnahme auf solche christliche Lehrer Statt, welche sich eines $\varkappa \alpha \pi \eta \lambda \varepsilon \acute{\nu} \varepsilon \iota \nu$ des Wortes Gottes nach der Ueberzeugung des Apostels zu Schulden kommen ließen. Zieht man bloß den lexikalischen Sprachgebrauch in Betracht, so könnte Paulus an sich den Betreffenden entweder eine Verkündigung des Wortes Gottes aus schnöder Gewinnsucht, bei welcher jenes selbst noch intakt erhalten bleiben konnte, imputiren, oder ihnen auch ebensowohl oder wenigstens zugleich damit verbunden eine Corruption, Abulteration des geprebigten Wortes selbst Schuld geben*). Daß hier das letztere Moment einer wirklichen Verfälschung der Substanz des Evangeliums, wenn nicht ausschließlich, so doch wenigstens vorwiegend ausgesprochen sei, legt namentlich die Vergleichung von Cap. 4, 2 ungemein nahe, wo Paulus den synonymen Ausdruck $\delta o \lambda o \tilde{\nu} \nu \; \tau \grave{o} \nu \; \lambda \acute{o} \gamma o \nu \; \tau o \tilde{\nu} \; \vartheta \varepsilon o \tilde{\nu}$ ohne Zweifel mit Bezugnahme auf seine Gegner gebraucht, und wo, wie wir später sehen werden, nur an eine wirkliche Verfälschung der Reinheit der evangelischen Lehre durch judaistische Zuthaten gedacht werden kann. Was nun ferner diejenigen anlangt, welche P. $o \dot{\iota} \; \pi o \lambda \lambda o \dot{\iota}$ nennt, so kann derselbe unmöglich darunter die Mehrzahl der christlichen Lehrer überhaupt,

---

*) Kypke, Observ. sacr. II, p. 244 ff.

wie sie zu seiner Zeit in der Kirche auftreten, gemeint haben. Vielmehr spricht Alles dafür, daß er G e g n e r im Auge hat, die in der korinthischen Gemeinde ein verfälschtes Evangelium verkündigten, und die er nicht deßhalb „οἱ πολλοί" nennt, weil es numerisch gerade so Viele wären, sondern weil er sie in einem gewissen despektirlichen Sinne zu der ordinären Masse von Leuten rechnet, bei denen man etwas Derartiges, wie er es andeutet, zu finden gewohnt sei. Weshalb hat also Paulus mit seiner Predigt einen so weit umfassenden siegreichen Er= folg, seine Gegner aber nicht? Weil die lautere göttliche Wahrheit sich unwillkührlich dem menschlichen Gewissen empfiehlt (4, 2), was Paulus bei seinem universalistischen Gnadenevangelium überall zu erfahren Gelegenheit hatte (2, 14). Seinen Gegnern aber ging die Tauglichkeit zu einer so erfolgreichen Wirksamkeit ab, weil sie das Wort Gottes mit Zusätzen versahen, in Folge dessen sie nur in ge= wissen b e s c h r ä n k t e n Kreisen mit demselben Absatz fanden. Selbst= ständige Gemeinden unter der Heidenwelt zu gründen, sind sie außer Stande. Sie können sich, wie Paulus sagt 10, 15, nur rühmen ἐν ἀλλοτρίοις κόποις oder ἐν ἀλλοτρίῳ κανόνι εἰς τὰ ἕτοιμα B. 16. —

In welcher Weise verfälschen nun aber diese Leute das Wort Gottes? Der Abschnitt zwischen 2, 17 und 4, 2 dürfte hierüber doch wohl einigen Aufschluß geben. Hier vindicirt sich Paulus das Recht, sich selber empfehlen zu dürfen mit steter Bezugnahme auf seine Gegner, denen diese Prärogative nicht zustehe, und die sich daher ihre Empfehlungen von anderswoher verschaffen müßten (3, 1). Der Apostel hat seinen vollgültigen Empfehlungsbrief an der korin= thischen Gemeinde selbst, insofern sie ein von Christus als auctor primarius durch die Dienstleistung Pauli verfaßter Brief ist (3, 3). Zu welchem Zwecke aber hebt P. mit solchem Nachdruck hervor, daß dieser Brief eingeschrieben sei οὐ μέλανι, ἀλλὰ πνεύματι θεοῦ ζῶντος, οὐκ ἐν πλαξὶ λιθίναις ἀλλ᾽ ἐν πλαξὶ καρδίας σαρκίναις, wenn nicht zu dem, um die Resultate s e i n e r apostoli= schen Wirksamkeit in Contrast zu stellen mit den Intentionen seiner G e g n e r? Will man nicht völlig willkührlich annehmen, — was ganz gegen die Weise des Apostels ist, — daß er hier und im Folgenden nur in abstracto dogmatisire, nur im Allgemeinen den Unterschied zwischen Christenthum und Judenthum aufstelle: so läßt sich aus den Worten sehr wohl etwas zur sachlichen Charakteristik der Widersacher Pauli entnehmen. Während Paulus als das Ma=

terial, mit welchem er seine Briefe schreibt (b. h. seine Gemeinden stiftet), den Geist des lebendigen Gottes angiebt, so schreibt
er seinen Gegnern zu μέλας, b. h. den Buchstaben des Gesetzes,
und seiner δόγματα, mit welchem sie vorzugsweise operiren. Während das Material, auf welches Paulus mit dem Geiste des lebendigen Gottes schreibt, fleischerne Herzenstafeln, b. h. menschliche, dem
Eindrucke jenes sich willig und gerne fügende, keinen Widerstand
entgegensetzende Herzen sind, so entsprechen die steinernen Tafeln,
b. h. die von der Gnade unerweicht gebliebenen Gemüther, jenem
harten Gesetz in seiner starren Objektivität. Dürfen wir hier einen
anderen Gegensatz angedeutet finden, als den zwischen paulini-
schem Christenthum und judaistischem? Indem Paulus mit
Rücksicht auf Diejenigen, die sich erst durch Empfehlungsbriefe in
seine Gemeinden einführen müssen, eine Charakteristik einer von ihm
selber gegründeten Gemeinde giebt, die ihm überallhin als genügen-
der Empfehlungsbrief diene, und diese Charakteristik sowohl positiv
als negativ gegeben ist: so ist der Schluß gewiß gestattet, daß seine
Gegner von den negativ herausgehobenen Pointen getroffen werden
sollen als solche, die dem reinen Gottesworte gesetzliche Elemente
beimischen, es dadurch verfälschen, und mit diesem corrumpirten
Material sicherlich keinen Brief zu Stande bringen, der wie der
paulinische ist γινωσκομένη καὶ ἀναγινωσκομένη ὑπὸ πάντων
ἀνθρώπων.

Wenn ferner Paulus von 3, 6 an eine Parallele zieht zwischen
der Diakonie des Neuen und des Alten Bundes, so lag hiezu in
diesem Zusammenhange doch sicher eine Rücksicht auf solche Gegner
vor, die, obgleich Verkündiger des Evangeliums, sich dennoch einem
guten Theile nach als Jünger Mosis gerirten. Es ist unverkennbar
die Absicht des Apostels, den Nachweis zu liefern, wie er in seiner
Eigenschaft als Diener des Neuen Bundes im guten Vertrauen zu
der Sache, mit der er unmittelbar von Gott betraut sei, sich einer
großen Freimüthigkeit und Offenheit in seiner Selbstempfehlung be-
dienen dürfe, wogegen es mit dem von seinen Gegnern vertretenen
Princip eo ipso verbunden sei, daß sie nur durch List und Täuschung
sich zur Geltung zu bringen vermöchten. Diesen Nachweis liefert
nun Paulus in folgender, tief in das Wesen der beiderseitigen Heils-
anstalten eindringenden Weise. Der Diakonie des Buchstabens oder
des Gesetzes, welche Tod (V. 7) und Verdammniß (V. 9) bewirkt,
kommt trotz alledem eine gewisse δόξα zu. Symbolisch angedeutet

ist diese letztere durch den bei der Promulgation des Gesetzes auf
dem Antlitze des (von Jehovah kommenden) Moses sich findenden
göttlichen Lichtglanz ($\delta\acute{o}\xi\alpha$), dessen Anblick die Kinder Israel nicht
ertragen konnten (V. 7). Allein diese auf dem Angesichte des Moses
sich reflektirende göttliche $\delta\acute{o}\xi\alpha$ war immerhin nur eine vergängliche. Sie tritt vollständig zurück gegen die $\delta\acute{o}\xi\alpha$ des Dienstes des
Geistes und der Glaubens=Gerechtigkeit, welche eine bleibende ist
(8—11). Im Bewußtsein nun, daß die Diakonie des Neuen Bundes eine unvergängliche ist, kann Paulus mit voller Freimüthigkeit
die christliche Wahrheit offen darlegen, und sich jeglichem menschlichen Gewissen gegenüber vor Gottes Angesicht empfehlen (V. 12,
cf. 4, 2). Er hat es nicht nöthig, zu dem Mittel zu greifen, welches
Moses anwandte, um die Kinder Israel nicht merken zu lassen, daß
sein Dienst wie der Glanz seines Antlitzes ein Ende habe, indem
er nemlich sein Angesicht mit seiner Decke verhüllte (V. 13). Dies
Verfahren des Moses ist nicht ohne Folgen für die Gegenwart geblieben. Wenn Paulus die nemliche Decke Mosis noch bis auf den
heutigen Tag, ohne aufgedeckt zu werden, auf der Vorlesung des
Alten Bundes ($\grave{\epsilon}\pi\grave{\iota}\ \tau\tilde{\eta}\ \grave{\alpha}\nu\alpha\gamma\nu\acute{\omega}\sigma\epsilon\iota\ \tau\tilde{\eta}\varsigma\ \pi\alpha\lambda\alpha\iota\tilde{\alpha}\varsigma\ \delta\iota\alpha\vartheta\acute{\eta}\varkappa\eta\varsigma$, V. 14)
bleiben sieht: so kann er unter dem $\alpha\grave{\upsilon}\tau\grave{o}\ \varkappa\acute{\alpha}\lambda\upsilon\mu\mu\alpha$ doch wohl nichts
anderes, als die endliche, symbolische schattenhafte Form verstanden
haben, in welcher das Bundesbuch des Gesetzes seinen an sich göttlichen und geistlichen Inhalt eingefaßt, eingehüllt enthält. Diese
$\varkappa\alpha\lambda\acute{\upsilon}\mu\mu\alpha\tau\alpha$, V. 13 u. V. 14, können in sofern ja identificirt wer
den, als beide die $\delta\acute{o}\xi\alpha$ Gottes, sowohl die, welche auf dem Antlitz
des Moses, als die, welche im Gesetzesbuche vorhanden ist, den
blöden Blicken des israelitischen Volkes verdecken oder verhüllen.
Diese den substantiellen göttlichen Gehalt des Gesetzbuches ver-
hüllende Decke Mosis wird nemlich nur in Christo beseitigt, hinweggethan. Für die Kinder Israel, so lange sie sich noch nicht zu
Christo bekehrt haben, liegt, bei der Vorlesung des von Moses ver-
faßten Gesetzbuches, die Decke auf ihren Herzen, welche erst nach
dieser Bekehrung zum Herrn hinweggenommen wird (V. 15. 16). —
Die Decke ($\tau\grave{o}\ \varkappa\acute{\alpha}\lambda\upsilon\mu\mu\alpha$) Mosis erscheint also in dieser paulinischen
Deduktion in einer dreifachen Beziehung. Moses legt sie auf
sein eigenes Antlitz, um die endliche, vergängliche Bestimmung
des alttestamentlichen Dienstes zu verhüllen. Sie liegt auf dem
Buche des Bundes, die eigentliche wesenhafte Wahrheit des in
ihm Offenbarten trübend, verschleiernd. Sie liegt endlich auf den

Herzen der unbekehrten Israeliten, so daß sie nicht im Stande sind, weder die zum Aufhören bestimmte Bedeutung des mosaischen Amtes, noch die vergängliche schattenhafte Form im alten Offenbarungsbuche zu erkennen. In welcher Weise geschieht nun aber bei der Bekehrung zu Christo die Hinwegräumung dieses den ewigen Wahrheitsgehalt trübenden Mediums? Dadurch, daß erstens anstatt der auf dem Antlitze Mosis sich nur parastatisch reflektirenden $\delta\acute{o}\xi\alpha$, auf dem Antlitze Christi, der das Ebenbild Gottes ist, die $\delta\acute{o}\xi\alpha$ $\vartheta\varepsilon o\tilde{v}$ in weit überschwenglicherer, bleibender (hypostatischer) Gestalt erschienen ist (4, 4. 6; 3, 10. 11). Da der Herr $\varkappa\alpha\tau$' $\dot{\varepsilon}\xi o\chi\acute{\eta}\nu$ der Geist ist, so ist er der reine ungetrübte, unverhüllte Abglanz Gottes, dessen Wesen ja ebenfalls Geist ist. Christus ist aber der Geist schlechthin ($\tau\grave{o}$ $\pi\nu\varepsilon\tilde{v}\mu\alpha$), sofern in seinem Tode und in seiner Auferstehung alles Sarkische, Endliche, Vergängliche abgestreift ist (3, 17 f.; Gal. 4, 6; Röm. 8, 9. 11; 1 Kor. 15, 45—49). Ist aber so Christus erst die Erscheinung der vollen ungetrübten göttlichen $\delta\acute{o}\xi\alpha$, so ist auch die Kunde von ihm nicht mehr, wie die Offenbarungsurkunde des Alten Bundes, mit einer Decke verhüllt, sondern $\varepsilon\grave{v}\alpha\gamma\gamma\acute{\varepsilon}\lambda\iota o\nu$ $\tau\tilde{\eta}\varsigma$ $\delta\acute{o}\xi\eta\varsigma$ $\tau o\tilde{v}$ $X\rho\iota\sigma\tau o\tilde{v}$ 4, 4, oder $\dot{\eta}$ $\varphi\alpha\nu\acute{\varepsilon}\rho\omega\sigma\iota\varsigma$ $\tau\tilde{\eta}\varsigma$ $\dot{\alpha}\lambda\eta\vartheta\varepsilon\acute{\iota}\alpha\varsigma$ 4, 2. Endlich anstatt der auf den Herzen der Israeliten liegenden Decke hat Gott in dem Herzen des bekehrten Paulus eine neue Lichtschöpfung eintreten lassen, in Folge deren er in Stand gesetzt ist, die Erkenntniß der im Antlitze Christi sich abspiegelnden Herrlichkeit Gottes nun auch für Andere hell und klar zu machen (4, 6). Demnach schauen nun alle wahrhaft gläubig Gewordenen mit aufgedecktem Antlitze die Herrlichkeit ($\delta\acute{o}\xi\alpha$) des Herrn (d. h. Christi) wie in einem Spiegel, und werden hiebei in das geschaute Bild des himmlisch verklärten Christus selber umgewandelt von Herrlichkeit zu immer größerer Herrlichkeit, wie dies ja nicht anders geschehen kann, da diese glorificirende Metamorphose vom Herrn, dem die Qualität des Geistes schlechthin zukommt, ausgeht (B. 18).

Kommt somit dem Alten Bunde, was sowohl seine Stiftung, als seine Schrifturkunde, als endlich seine Auffassung seitens des subjektiven Bewußtseins seiner Angehörigen anlangt, durchweg der Charakter des Undurchsichtigen, Verhüllten, Halbdunklen zu: so findet sich überall das Gegentheil hiervon bei dem Neuen Bunde, indem volles göttliches Licht, bleibende unvergängliche Herrlichkeit, offenkundige Aufdeckung der Wahrheit sein Wesen ausmachen.

Während dort von Anfang an Alles auf Vergänglichkeit, auf ein Dahinschwinden angelegt ist, und nur durch mehr oder weniger künst= liche Mittel das Bewußtsein der unbedingten göttlichen Herrlichkeit und Ewigkeit des Alten Bundes aufrecht erhalten werden kann: sind auf dem Gebiete des „in Herrlichkeit Bleibenden" solche Operatio= nen nicht nur nicht vonnöthen, sondern sie treten mit dessen klarem und unverhülltem Wesen in den grellsten Gegensatz. Dies spricht Paulus in der schärfsten Form aus, wenn er 4, 1 f. sagt: „Deß= halb, indem wir diesen Dienst (d. h. den Dienst des Neuen Bundes) haben, wie wir mit demselben begnadigt worden sind, so sind wir nicht feige, sondern haben abgesagt dem Verborgenen der Schande (τὰ κρυπτὰ τῆς αἰσχύνης), indem wir nicht wandeln in Arglist (ἐν πανουργίᾳ), noch das Wort Gottes verfälschen, sondern uns durch die offene Kundmachung der Wahrheit selber jeglichem Ge= wissen der Menschen gegenüber empfehlen vor Gottes Angesicht."

Hält man nun den Ausgangs= und den Endpunkt der be= sprochenen Deduktion des Apostels sicher fest, und vergegenwärtigt man sich klar die ganze Situation, aus der heraus er schreibt: so wird man in Bezug auf das von ihm über den Alten Bund und seine Diakonie im Gegensatz zu dem Neuen und seinem Dienst Aus= geführte nicht mehr von „Abschweifungen" und „Digressionen" reden dürfen, wenn man sich nicht absichtlich jegliches konkretere Verständ= niß des betreffenden Abschnittes versperren will. Paulus hat nun einmal den in Rede stehenden Passus nicht in einer jüdischen Synagoge gesprochen, um den Unterschied des Judenthums und Christenthums in allgemeinen Zügen zu entwickeln: sondern er ist an eine schon ge= raume Zeit bestehende christliche Gemeinde geschrieben worden, mit unverkennbarer Bezugnahme auf solche, welche das paulinische Evan= gelium durch unreine Zusätze zu verfälschen sich angelegen sein ließen (2, 17; 3, 1; 4, 2). Hat man sich an der Cap. 3, 13 stehenden Aeußerung des Paulus über das Verfahren des Moses vielfach ge= stoßen und allerlei künstliche Ausflüchte gesucht, um dies so schroff lautende Urtheil zu mildern: so erklärt sich seine Entstehung am ungezwungensten, wenn man annimmt, daß der Apostel hiebei we= niger den Moses selbst, als seine gegenwärtigen Nach= folger in seinem Dienste, sofern sie schon Christen sind, im Auge gehabt hat. Nur ihnen, denen man wohl zumuthen konnte, daß sie von der hinter der des Neuen weit zurückbleibenden Herr= lichkeit des Alten Bundes ein Bewußtsein hätten haben können,

durfte mit vollem Rechte der Vorwurf gemacht werden, daß sie
durch verdeckte Kunstmittel Christen die Ueberzeugung beibringen
wollten, der Alte Bund mit seinem Dienst habe seine Endschaft
noch keineswegs erreicht. Nur wenn Paulus Christen im Sinne
hat, die noch zu befangen in ihren früheren jüdischen Anschauungen
waren, als daß sie im Alten Testamente die vergängliche Hülle von
dem ewigen Wesen zu unterscheiden vermochten, und die deßhalb
gegen jene Einflüsterungen, welche die judaistischen Irrlehrer an die
Vorlesung des Alten Testamentes anknüpften, wenig gewappnet waren,
versteht man Vers 14 und 15 vollkommen aus dem Zusammenhange
heraus. Wenn ferner Paulus V. 18 mit ἡμεῖς δὲ πάντες allen
Christen eine unverhüllte Anschauung der Herrlichkeit Christi zuzu-
schreiben und sie gegen die unbekehrten Israeliten in Gegensatz zu
stellen scheint: so haben wir uns zu erinnern, daß Paulus öfter,
namentlich in der ersten Hälfte des zweiten Korintherbriefes, aus
der Stimmung der die Wiederaussöhnung mit der Gemeinde suchen-
den Liebe herausspricht, welche Liebe nach dem Ausspruche des Apostels
selbst 1 Kor. 13, 7 πάντα πιστεύει, πάντα ἐλπίζει, während
dagegen im letzten Theile die Besorgniß hervortritt, daß es wenigstens
mit einem Theile der Leser keineswegs so gut stehe, wie man nach
manchen vorangegangenen, etwas plerophorisch lautenden Aussagungen
zu glauben geneigt sein könnte. Wir beschränken uns hier auf ein,
freilich eklatantes, Beispiel. Man vergleiche 1, 24 τῇ γὰρ πίστει
ἐστήκατε mit 13, 5 ἑαυτοὺς πειράζετε, εἰ ἐστὲ ἐν τῇ πίστει
cf. 11, 3. Somit hindert uns auch das ἡμεῖς πάντες 3, 18
durchaus nicht, die in demselben Capitel gezogene Parallele zwischen
dem Dienste des Alten und dem des Neuen Bundes der Sache
nach von dem engeren Gegensatze zwischen der Art und Weise, wie
die judaistischen Gegner des Apostels Paulus in Korinth ihren,
und wie er selber seinen Dienst auffasse und ausrichte, zu verstehen. Die mehr indirekte und schonende Sprache stimmt durchaus
mit dem ersteren Abschnitt des Briefes von Cap. 1—9 überein, wo
der Apostel sich seinerseits alle Mühe giebt, das gelockerte Band
der Gemeinschaft und Eintracht mit dem größeren besseren Theil
der Gemeinde in der zartesten Form wieder anzuknüpfen, und daher
Alles vermeidet, was geradezu namentlich die Verführten oder zur
Verführung Geneigten zu verletzen geeignet sein könnte. Daß Cap.
3, 4—18 keineswegs ohne Rücksichtnahme auf das täuschende und
verdeckte Spiel seiner stark auf das Fortbestehen des gesetzlichen

jüdischen Wesens innerhalb des Christenthums bringenden Gegner ausgeführt sei, setzen endlich außer Zweifel die unmißverständlichen Ausdrücke τὰ κρυπτὰ τῆς αἰσχύνης und πανουργία- 4, 2, die doch Niemand auf das Verfahren des Moses deuten wird, sondern nur die versteckten und arglistigen Kunstmittel andeuten können, welche Leute sich nicht scheuen anzuwenden, wo es sich für sie um Aufrechthaltung und Anempfehlung einer Sache handelt, die in sich selber nicht mehr das Recht des Bestehens hat, seitdem durch Christus ein unendlich Höheres offenbart worden ist. Indem sie dem neuen Princip sich nicht entziehen können, andererseits von den bisherigen Anschauungen und Lehrformen nicht lassen wollen: so geschieht durch sie jene Mischung von Christenthum und Judenthum, die Paulus nur als ein δολοῦν (καπηλεύειν) des Wortes Gottes be= zeichnen, und damit den judaistischen Standpunkt seiner Gegner treffend charakterisiren kann.

Aus dem Ausgeführten ergiebt sich nun also zum Mindesten so viel, daß Paulus seine Gegner keineswegs bloß als sittlich verwerf= liche, im Uebrigen mit ihm auf demselben religiösen Lebensgrunde stehende Menschen ansieht. Vielmehr ist es höchst bezeichnend, daß er ihre sittliche Handlungsweise in die engste Beziehung setzt zu ihrem dogmatischen Standpunkt. Der Apostel ist überall ge= wohnt, Erscheinungen, die sich seinem Bewußtsein darstellen, auf ihren letzten tiefsten Grund zurückzuführen. So erscheint ihm auch das unlautere verkappte Treiben seiner Widersacher nicht als ein zu= fälliges, rein persönliches, sondern als ein mit einer gewissen Noth= wendigkeit aus ihren dogmatischen Anschauungen resultirendes. Es ist die Nachwirkung des mit einer verhüllenden Symbolik umgehen= den Judenthums in das Christenthum hinein, durch welche die Hand= lungsweise dieser Judaisten bedingt und bestimmt ist. Was Paulus sonst bei dem vorchristlichen Judenthum unter dem Gesichtspunkt pädagogisch berechtigter Maaßregeln ansieht (Gal. 3, 24 f.; 4, 1 ff.), das verliert diesen Charakter, nachdem durch Christus jene für ihre Zeit zulässige Hülle hinweggethan ist, und muß von da an unter die Kategorie mehr oder weniger bewußter und berech= neterer Fälschung der Wahrheit bei denen gestellt werden, die in Jesus den Christ anzuerkennen geneigt gewesen sind. —

Bietet die zweite größere Hälfte des vierten und der erste Ab= schnitt des fünften Capitels Nichts dar, was ein Licht auf den Standpunkt der Widersacher des Apostels würfe, so ist dagegen mit

Recht die zweite Hälfte jenes und namentlich der sechzehnte Vers als für unsere Frage überaus wichtig angesehen worden. Je schwieriger aber die Auslegung des letzteren und je abweichender die Ansichten der Erklärer über denselben sind, desto nothwendiger wird es sein, zunächst den Zusammenhang zu entwickeln, in welchen dieser Vers hineingestellt ist.

Der Apostel hat Kap. 5, 10 seine Vertheidigung gegenüber der Beschuldigung einer ruhmsüchtigen Selbstanpreisung (3, 1) vor der Hand zu einem gewissen Abschluß gebracht. Er hat das offene, freimüthige, aus dem erhebenden Bewußtsein der ihm anvertrauten göttlichen Gnade und Kraft hervorquellende Preisen seiner namentlich in Korinth erreichten Erfolge als mit dem lichten, geistigen, freien Wesen des Neuen Bundes, dessen Diener er sei, durchaus in Einklang stehend nachgewiesen. Er hat im Weiteren geschildert, wie er nicht bloß dem verklärten, sondern auch dem gekreuzigten Christus ähnlich, diese seine unter den Lesern Leben weckende Wirksamkeit nur unter der täglichen Aufreibung des physischen Menschen ausgeübt habe, wobei ihn aber der stete Hinblick auf die ihm in Besitz des Geistes als eines Angeltes ideell schon zugesicherte künftige herrliche Verklärung seines Leibes allezeit muthig, und der Hinblick auf die richterliche Vergeltung am jüngsten Tage jederzeit sorgfältig wachsam über sein Thun und Lassen erhalten habe (4, 7 — 5, 10). Nunmehr kann der Apostel im Hinblick auf die von ihm ausgeführte Selbstapologie den Ausspruch thun, daß er im Bewußtsein, wie beim bevorstehenden Weltgericht Christus als gerechter Richter zu fürchten sei, Menschen von der Wahrheit und Lauterkeit seines gesammten Verhaltens als eines Dieners Christi zu überzeugen sich bemühe, dem Alles wissenden, auf den Grund des Herzens zu sehen vermögenden Gotte aber bereits offenbar sei, und zugleich die Hoffnung aussprechen, in dem durch äußere Rücksichten nicht bestochenen Gewissen der Leser bereits als ein solcher offenbar geworden zu sein, wie Gott ihn ansehe (V. 11). Somit kann Paulus seine apologetische Selbstbeurtheilung unter den Gesichtspunkt nicht einer neuen Selbstempfehlung stellen, sondern eines den Lesern Material an die Hand Gebens, um sich ihrerseits des Apostels zu rühmen und ihn denjenigen gegenüber zu vertheidigen, die sich ἐν προσώπῳ rühmen καὶ οὐ καρδίᾳ. Daß unter diesen letzteren die Gegner des Apostels zu verstehen sind, ist allgemein anerkannt. Sie werden hier von diesem als solche Leute charakterifirt, deren Rühmen nur etwas äußerlich in die Augen Fallendes zum Gegenstande habe, welches (nach der Schätzung des Apostels) den innersten Mittelpunkt ihres geistigen Wesens nicht mitumfasse. Was nun dieses äußerlich von den Betreffenden als rühmenswerth geltend Gemachte sei, kann hier noch nicht aufgezeigt werden, sondern sich erst später herausstellen. Wir fahren zunächst in der Analyse des paulinischen Gedankenganges fort. V. 13 giebt der Apostel einen Grund dafür an, daß er den Lesern Anlaß gebe, sich seiner seinen Gegnern gegenüber zu rühmen. Εἴτε γὰρ ἐξέστημεν, Θεῷ· εἴτε σωφρονοῦμεν, ὑμῖν. Paulus tritt hier ohne Zweifel einer Beschuldigung seiner Widersacher entgegen, die, wenn sie begründet wäre, den Apostel nicht als geeigneten Gegenstand des Rühmens der Leser erscheinen lassen würde. Diese Beschuldigung kann nur dahin gelautet haben, Paulus sei von Sinnen, er leide an Ueber-spannung, überlasse sich seinem excentrischen Wesen namentlich in der Beurtheilung seiner selbst. Dieses letztere Moment vorzugs-weise zu betonen, giebt uns entschieden der Zusammenhang an die Hand, da ja der Apostel V. 12 das ἑαυτοὺς συνιστάνειν von sich abweist. Indem nun Paulus das ἐκστῆναι den Gegnern als eine Zustandsform zugesteht, in der er sich wirklich zeitweilig befinde, so entfernt er zugleich das Gehässige aus jener Beschuldigung, indem er durch Θεῷ die Beziehung feststellt, in welcher allein bei ihm von einem Ekstatischsein die Rede sein könne. Sein ἐκστῆναι sei durchaus frei von allem eitlen selbstsüchtigen Wesen, es habe nichts zu thun mit einem ἑαυτοὺς συνιστάνειν, mit einem ἐν προσώπῳ καυχᾶσθαι. Gerathe er außer sich, werde er über das Niveau seines empirischen Bewußtseins hinausgehoben, rede er in solchem Zustande der Entzückung mit einer ungewöhnlichen πεποί-θησις oder παῤῥησία (cf. 3, 4. 12; 4, 1) von seinen hohen ihm zu Theil gewordenen Gnadengaben, von seinen Erfolgen und dergl.: so gehöre dieses ἐκστῆναι Gotte an. Wie der Zungenredner οὐκ ἀνθρώποις λαλεῖ, ἀλλὰ τῷ Θεῷ (1 Kor. 12, 2. 17): so be-trachtet auch Paulus solche ekstatischen Momente seines Lebens als eine Privatangelegenheit, die zwischen seinem innersten religiösen Mittelpunkt (καρδία) und seinem Gott Statt habe. In diesem geheimen Wechselverkehr mit Gott, als ein Θεῷ πεφανερωμένος darf sich der Apostel einem überschwenglichen Superioritäts- und Siegesgefühl hingeben, und in demselben ein lautes Danken und Preisen seiner reichen Begnadigung hervorquellen lassen, ohne befürchten zu brauchen, daß der Herzenskündiger diese Sprache der Entzückung mißverstehe, ihr unlautere, selbstsüchtige Motive unterlege. Kann somit das ἐκστῆναι in dem Sinne, wie der Apostel dasselbe von sich als vereinzelte geheimnißvolle Höhepunkte seiner Lebensgemeinschaft mit Gott bildend versteht, ihm nicht zu seinem Nachtheile ausgelegt werden, entzieht dasselbe sich jeder ungünstigen Beurtheilung Seitens anderer Menschen, da über das, was im Zwiegespräch der gläubig-entzückten Seele mit Gott vorgeht, nur dem letzteren der Richterspruch zufällt: so kann selbstverständlich das Gegentheil des ἐκστῆναι das σωφρονεῖν, welches Paulus als die andere Zustandsform seines Lebens und Wirkens hier angiebt, seinen Werth nicht mindern, sondern nur erhöhen. Wüßte der Apostel seine V. 11 ausgesprochene Hoffnung, ἐν ταῖς συνειδήσεσι der Leser πεφανερῶσθαι, schon vollkommen erfüllt: so hätte er nicht gerade Grund, sein ἐκστῆναι lediglich und ausschließlich Gott gegenüber wie ein unmittheilbares Geheimniß an sich zu halten. Er könnte von dem, was er Gott gegenüber empfindet und lautbar werden läßt, mit unbefangener παῤῥησία auch von jener sprechen (cf. 12, 6). Allein jene Hoffnung war, was wenigstens einen Theil der Gemeinde anlangt, von ihrer Erfüllung noch sehr fern. Von dieser Seite hatte Paulus eine höchst mißgünstige, ja boshafte Deutung seines Charakters und seiner Worte nur zu sehr zu befürchten. Daher hat der Apostel unter diesen Umständen allen Grund zum σωφρονεῖν, d. h. zu einem verständigen, geistesklaren Wesen, zu einer besonnenen, nüchternen, maaßhaltenden Sprache, namentlich betreffs der Abschätzung seiner eigenen Person, seiner Gaben und Erfolge. Es ist das Beste, das Interesse der Leser, von denen manche das aus der reinsten Absicht hervorgehende und objektiv der Wahrheit durchaus entsprechende Geltendmachen dessen, was der Apostel ist und leistet, nur zu leicht mit eitlem, fleischlichen, selbstsüchtigen Eigenlobe, hochmüthiger Selbstüberhebung zu verwechseln geneigt sind, was Paulus bestimmt, die Grenzen der σωφροσύνη nicht zu überschreiten, sondern sich auf dem festen und sicheren Boden des verständigen Bewußtseins (νοῦς), Handelns und Redens zu bewegen.

Und zwar giebt der Apostel V. 14 als Motiv dieses seines Verhaltens die Liebe Christi an, welche ihm heilsame Schranken einer maaßvollen Besonnenheit in seiner Selbstschätzung Menschen gegenüber auferlege, indem er zu dem Urtheil gelangt sei, daß in dem aufopfernden Tode, den Einer (Christus) gestorben sei für Alle, consequenterweise ($\check{\alpha}\varrho\alpha$) diese insgesammt mit gestorben seien, da jener Opfertod zu dem gottgeordneten Zwecke erfolgt sei, damit die (physisch noch fort=) Lebenden nicht mehr ihrem fleischlichen Selbst, sondern vielmehr (lediglich und ausschließlich) dem für sie Gestorbenen und Auferweckten leben sollten. Die unmittelbare Folge nun seiner Einsicht in die teleologische Bestimmung des Todes und der Auferstehung Christi sei die, daß er von jetzt an Niemanden kenne, sofern er unter der Norm der $\sigma\acute{\alpha}\varrho\xi$ stehe (also nicht mit Christus gestorben und damit seinem Selbst abgestorben sei). Zugegeben auch, daß er, der Apostel, früher Christum gekannt habe als unter die Kategorie der $\sigma\acute{\alpha}\varrho\xi$ fallend (also als nicht principiell für alle zu dem Zwecke des Mitsterbens eben dieser Gestorbenen, und dann zu einem neuen pneumatischen Leben Auferweckten), so kenne er ihn doch jetzt nicht mehr (als einen solchen unter der Norm der $\sigma\acute{\alpha}\varrho\xi$ stehenden). Daher wenn Jemand in Christo ist (d. h. mit dem gestorbenen und auferstandenen Christus in innerer geistiger Gemeinschaft steht), der ist eine neue Kreatur (d. h. ein solches persönliches Wesen, bei dem die $\sigma\acute{\alpha}\varrho\xi$ mit alle dem, was mit ihr verknüpft ist, zu Grunde gegangen und dagegen das pneumatische Wesen Christi selbst zur Erscheinung gekommen ist); das Alte (die $\sigma\acute{\alpha}\varrho\xi$ und Alles das, was durch sie bedingt ist) ist vergangen, siehe es ist Alles neu (d. h. dem auferstandenen Christus, der nunmehr $\tau\grave{o}$ $\pi\nu\varepsilon\tilde{\upsilon}\mu\alpha$ ist, conform) geworden.

Woher stammt aber diese vollkommne mit dem Apostel vorgegangene Neuschöpfung? Das Alles (d. h. die radikale Umwandlung seines ganzen Wesens, bei der die $\sigma\acute{\alpha}\varrho\xi$ mit dem gestorbenen Christus zu Grunde gegangen, und das $\pi\nu\varepsilon\tilde{\upsilon}\mu\alpha$ mit dem auferstandenen Gottessohne zum dominirenden Princip gelangt ist) stammt (nicht etwa aus uns selbst, sondern lediglich und ausschließlich) aus Gott, der uns mit sich durch Jesum Christum (den für alle, somit auch für mich gestorbenen) ausgesöhnt, und uns den Dienst der Versöhnung (deren Inhalt und Zweck die Versöhnung, $\varkappa\alpha\tau\alpha\lambda\lambda\alpha\gamma\acute{\eta}$, nicht wie bei Moses $\varkappa\alpha\tau\acute{\alpha}\varkappa\varrho\iota\sigma\iota\varsigma$ 3, 9 ist) gegeben hat (welchen Dienst wir uns also nicht willkührlich selbst angemaßt, sondern als ein objektives göttliches Gnadengeschenk empfangen haben). Denn Gott war in Christo die Welt mit sich aussöhnend (als er Christum, ihn öffentlich als $\dot{\iota}\lambda\alpha\sigma\tau\acute{\eta}\varrho\iota o\nu$ hinstellend, Röm. 3, 25, in den Tod dahingab), indem er ihnen (den der Welt an=

gehörenden Menschen) die Uebertretungen (= προγεγονότα ἁμαι.-
τήματα Röm. 3, 25) nicht in Rechnung brachte, und auf uns
(d. h. auf Paulus) den Dienst der Versöhnung legte. Für Christus
nun (in welchem Gott die Welt mit sich aussöhnte) treten wir
als Botschafter auf (nicht in eigenem Namen mit willkührlich ange=
maßter Selbstbestellung), wie wenn Gott (nicht wir in eigener
Befugniß) die Aufforderung durch uns ergehen läßt: laßt euch ver=
söhnen mit Gott! Den, welcher Sünde nicht kannte, hat er für uns
(an unserer Statt und zu unserem Heil) zur Sünde gemacht (als
einen solchen behandelt, als wäre er die Sünde in ihrem ganzen
und vollen Umfange selbst, hat ihn die Strafe erdulden lassen,
welche der Gesammtmasse der Sünde in der Welt proportional ist),
damit wir würden Gerechtigkeit vor Gott (eine im ganzen und
vollen Umfange gerechte, unsträfliche Gesammtmasse) in i h m (dem
für uns zur Sünde gemachten, n i c h t etwa in u n s s e l b e r durch
das, was mit unserer σάρξ verknüpft ist, eigene Werke u. dergl.).
    Bis hieher mußten wir den Faden der Gedankenentwicklung
des Apostels fortführen, um uns des Zusammenhangs, in welchem
gewisse für unseren Zweck ungemein wichtige Aussprüche jenes sich
finden, fest zu vergewissern. Die kurze Analyse von 5, 11—21
hat uns überzeugt, daß Paulus in diesem ganzen Abschnitte den
Zielpunkt seiner Argumentation wohl im Auge behalten hat. Man
mißversteht den Zweck der ganzen Exposition des Apostels vollkom=
men, wenn man ihn unter einen anderen Gesichtspunkt stellt, als
den einer ausschließlichen subjektiven Selbstapologie des Paulus.
Mag die praktisch=paränetische Auslegung noch so viel Interesse
haben, den vorliegenden Gedankeninhalt zu verallgemeinern, und
überall, wo das ἡμεῖς hervortritt, das christliche Subjekt im All=
gemeinen zu substituiren, die wissenschaftlich=historische Exegese muß
sich von solchen Anwandlungen, den concret geschichtlichen Gang der
Argumentation des Apostels zu verflüchtigen, auf das Strengste
fern halten, will sie sich nicht selbst aufgeben und auf die Aufzei=
gung des inneren organischen Fortschritts der Gedanken verzichten.
Man muß also durchaus festhalten: Paulus vertheidigt sich gegen
gewisse Gegner, die ihm vorwarfen, er empfehle sich selbst, maße
sich eigenmächtig eine apostelgleiche Würde und Auctorität an, und
eben hiermit zugleich giebt er den Lesern Material an die Hand,
um ihn gegen solche Incriminationen zu schützen, indem er den letz=
ten Ursprung seiner apostolischen Diakonie aufzeigt, kraft dessen er

Grund habe, sich als einen Gegenstand des Rühmens ($\varkappa\alpha\acute{\nu}\chi\eta\mu\alpha$) der Gemeinde hinzustellen. Ohne Zweifel werden nun die Gegner des Apostels am direkteſten berückſichtigt in V. 16, wo das mit einem ſcharfen Accent herausgehobene $\eta\mu\varepsilon\tilde{\iota}\varsigma$ den Paulus im Gegen= ſatze gegen Andere ſtellt als ſolche, die das thun, was er, der Apoſtel, ſeit einem gewiſſen Zeitmoment, nicht mehr thue.*) Da uns nun vor Allem daran liegt, dieſe Widerſacher des Paulus nach ihrem ganzen inneren chriſtlichen Habitus kennen zu lernen, ſo wird es nothwendig ſein, den Sinn dieſes ſchwierigen, ſo vielfach miß= verſtandenen Verſes ſo genau wie möglich zu ermitteln und feſt= zuſtellen.

In dieſem Verſe ſpricht ſich alſo der Apoſtel darüber aus, welchen Maaßſtab er ſeit einem gewiſſen Zeitpunkt bei der Schätzung von Menſchen anzulegen gewohnt ſei. Dieſer Moment ($\dot{\alpha}\pi\dot{o}$ $\tau o\tilde{v}$ $\nu\tilde{v}\nu$) kann dem Zuſammenhang nach kein anderer ſein, als der, von dem an er den Opfertod Chriſti nach ſeiner vollen und unbedingten teleologiſchen Conſequenz zu beurtheilen angefangen habe (cf. B. 14. $\varkappa\varrho\acute{\iota}\nu\alpha\nu\tau\alpha\varsigma$ $\tau o\tilde{v}\tau o$ — $\ddot{\alpha}\varrho\alpha$ — $\ddot{\iota}\nu\alpha$). Seitdem wiſſe oder kenne er Niemanden $\varkappa\alpha\tau\dot{\alpha}$ $\sigma\acute{\alpha}\varrho\varkappa\alpha$. $\Sigma\acute{\alpha}\varrho\xi$ hat alſo ſeit dem aufgezeigten Momente aufgehört, die Norm, die Kategorie zu ſein, unter welcher ſtehend irgend eine Perſon für die Kenntniß des Apoſtels noch in Betracht komme. Die Qualität der $\sigma\acute{\alpha}\varrho\xi$ bei Menſchen anlangend, exiſtirt Niemand von ihnen für das Bewußtſein deſſelben. Es iſt ſelbſtverſtändlich, daß Paulus in dieſem Ausſpruche nicht von ſich verneint, daß er mit irgend welchem Menſchen noch perſönliche Bekanntſchaft habe. Vielmehr haben wir uns hier zum Verſtänd= niß der Worte einfach deſſen aus der Anſchauungsweiſe des Apoſtels zu erinnern, daß der Menſch im Tode ſeine $\sigma\acute{\alpha}\varrho\xi$ ablegt. Iſt nun der Gläubige mit Chriſtus geſtorben, ſo hat demgemäß für jenen die $\sigma\acute{\alpha}\varrho\xi$, freilich nicht in ihrer phyſiſchen Realität, wohl aber in einem ſolchen Verſtande zu exiſtiren aufgehört, daß ſie bei

---

*) Denn daß das $\eta\mu\varepsilon\tilde{\iota}\varsigma$ nur auf den Apoſtel gehen könne, folgt un= mittelbar daraus, daß in dem vorliegenden Zuſammenhange ſowohl nach rück= wärts als nach vorwärts Paulus lediglich von ſich ſelber redend, ſich immer der erſten Perſon Plur. bedient (cf. B. 13. 14 — 18. 20). Da nun das Perſonalpronomen noch beſonders, von ſeinem Verbum getrennt, hinter $\ddot{\omega}\sigma\tau\varepsilon$ geſetzt iſt, ſo hat es einen ſtarken Nachdruck, und der Apoſtel ſtellt ſich ſomit der Zahl derjenigen ſcharf entgegen, die bei der Abſchätzung von Perſonen einen anderen Maaßſtab anzulegen gewohnt ſeien, als er ſelbſt dies thue.

dem betreffenden Subjekt als irgend wie ins Gewicht fallend, irgend welchen Werth begründend, nicht mehr in Betracht kommen kann. Natürlich nur in so fern nicht, als Menschen von dem Apostel einer religiös=ethischen Schätzung unterworfen, in ihrem Verhältnisse zu Gott und göttlichen Dingen in Betracht gezogen werden. „Daher wissen wir, — was uns selber anlangt — von jetzt an Niemanden, insofern er unter die Norm der σάρξ fällt," da diese ja für die in und mit Christo Gestorbenen, nicht mehr sich selber, sondern ausschließlich dem für sie Gestorbenen und Auferstandenen Lebenden allen und jeden vor Gott geltenden Werth verloren hat.

Die nemliche Consequenz, die sich für den Apostel aus seinem Vers 14 und 15 angegebenen Urtheil über die gottgeordnete Teleologie des Opfertodes Christi rücksichtlich der Kenntniß oder Schätzung von Menschen ergeben hat, zieht er nun im Weiteren auch für seine Stellung zu Christo selbst. Paulus gesteht nemlich zu, daß er in der Vergangenheit*) Christum κατὰ σάρκα erkannt habe, allein ihn doch jetzt nicht mehr (so, nemlich κατὰ σάρκα) erkenne.

Was bedeutet nun aber, und das ist die Hauptfrage, auf deren richtige Beantwortung Alles ankommt, in unserem Zusammenhange σάρξ? Wie beschaffen muß man sich gewisse Menschen, die hier Paulus im Auge hat, wie beschaffen sich Christum denken, insofern der Apostel sie unter der Kategorie der σάρξ stehend setzt? Es ist bekannt, wie ausgedehnt der Gebrauch dieses Wortes bei Paulus ist, wie Mannigfaltiges derselbe je nach den concreten Verhältnissen unter diesen Begriff subsummirt. Es ist nicht dieses Ortes, den betreffenden Sprachgebrauch von seinem ersten Keime bis in seine verschiedenen verschlungenen Verzweigungen im Detail nachzuweisen. Der Zusammenhang unserer Stelle umgrenzt von selbst den vielgestaltigen Ausdruck, und die Ausscheidung der nicht hieher gehörigen Momente des Begriffs macht sich nicht schwer. Vor Allem liegt auf der Hand, daß die Grundbedeutung von σάρξ als „der irdisch= materiellen lebendigen Substanz des animalischen Organismus" hier an unserem Orte in weiter Ferne rückwärts liegen gelassen werden muß. Aber auch von dem, was man gewöhnlich als aufs

---

*) Meyer hat in seinem Commentar mit Recht darauf aufmerksam gemacht, daß die Stellung des ἐγνώκαμεν darauf hinweise, das Präteritum des Verbum im Gegensatz zu dem gleichfolgenden Präsens (γινώσκομεν) als besonders betont anzusehen.

engſte mit der σάρξ verbunden zu denken gewohnt iſt: die Sünde
mit ihren ſinnlichen Regungen iſt hier ſelbſtverſtändlich zu abſtra-
hiren, da ja Paulus den μὴ γνόντα ἁμαρτίαν ebenfalls unter die
Kategorie der σάρξ ſtellt. Darf nun aus gleichem Grunde bei der
σάρξ, wenigſtens inſofern hier Chriſtus unter ihre Kategorie
fallend geſetzt wird, das Moment des Selbſtſüchtigen nicht in Betracht gezogen werden: ſo ſcheint nichts übrig zu bleiben, als σάρξ
hier in der Bedeutung „äußere ſichtbare irdiſche Erſcheinung" zu
nehmen. Somit würden wir, wenn wir uns von jener leiten ließen,
zu der Erklärung gelangen, die neuerdings Beyſchlag nach dem
Vorgange von Olshauſen und Ewald aufgeſtellt hat, wonach Paulus, was Chriſtum anlangt, von ſich behaupten würde, daß er mit
dieſem während deſſen Wandelns auf Erden allerdings perſönliche
Bekanntſchaft gehabt habe, allein nunmehr auf dieſe perſönliche
Berührung mit dem hiſtoriſchen Chriſtus keinen Werth mehr lege,
wie dies ſeine Gegner thaten, die grade auf jene äußere ſociale
Gemeinſchaft mit Jeſus und deſſen unmittelbaren Jüngern ein un-
gebührliches, ihnen zur Empfehlung und Auszeichnung gereichendes
Gewicht gelegt hätten, um ſich über Paulus zu erheben.

Man wird gegen dieſe Deutung nicht den Einwand erheben
dürfen, der Apoſtel hätte in dieſem Falle, wo er von einer perſönlichen Bekanntſchaft mit der irdiſch = menſchlichen Perſönlichkeit
Chriſti rede, dieſe nicht Χριστός ſondern Ἰησοῦς nennen müſſen.
Allerdings war für den Paulus, wenn er mit Jeſus in perſönliche
Berührung getreten iſt, damals als dies geſchah, Jeſus noch nicht
Meſſias (Chriſtus). Allein was hinderte ihn, dieſe Perſönlichkeit,
die er nunmehr mit allen Gläubigen als Chriſtus erkannt hatte,
von ſeinem jetzigen chriſtlich-apoſtoliſchen Standpunkte aus auch mit
dieſem Amts- und Ehrennamen, der unter den Gläubigen ſchon
allgemein zum Perſonennamen geworden war, zu bezeichnen, noch
dazu, da er ja durch κατὰ σάρκα hinreichend andeutete, daß es
ſich um Chriſti irdiſch-menſchliche Erſcheinung handle?

Allein was ſich gegen die in Rede ſtehende Erklärung der
Stelle mit weit mehr Grund geltend machen, ja ſie in ihrer völligen
Unmöglichkeit erſcheinen läßt, ſind folgende Erwägungen. Mag
man in dem zweiten Satzgliede in V. 16, wo es ſich um das
Kenner. Chriſti ſeitens des Apoſtels handelt, mit der angegebenen
Bedeutung von σάρξ ſich allenfalls zurechtfinden können, ſo doch
nicht, wenn man nicht auf alle Gleichartigkeit der Ausdrucksweiſe

Verzicht leisten will, in dem ersten, wo Paulus von sich behauptet, er kenne Niemanden nach dem Fleische. Denn denkt man hierbei, an nichts weiter als an die persönliche Bekanntschaft des Paulus mit den Uraposteln, die für diesen jetzt etwas Irrelevantes geworben sei: so begreift man nicht, wie Paulus diese in der hier adop= tirten Bedeutung unter die Norm der σάρξ stellen konnte, da dieselben ja als noch im irdischen Leben stehend, gar nicht anders als nach dem Fleische (in dem angegebenen Sinne) gedacht werden konnten. Bei Christus, der in dem Momente, wo Paulus schreibt, eine Existenzweise κατὰ πνεῦμα als auferstandener und verklärter Gottessohn hatte, konnte der Apostel, auf dessen früheren menschlich= irdischen Daseinsmodus zurückblickend, diese vielleicht als ein Sein κατὰ σάρκα bezeichnen. Allein was soll der nemliche Ausdruck für die ursprünglichen Jünger Jesu, die Urapostel, bedeuten, wenn man sich bei σάρξ lediglich auf das angegebene Moment beschränkt? Doch selbst dieses Bedenken bei Seite gesetzt, und angenommen, Paulus spreche hier von seiner früheren persönlichen Bekanntschaft mit Jesus, welcher Art kann denn diese allen uns bekannten Vor= bedingungen zu Folge allein gewesen sein? War Paulus damals, als er in Jerusalem seinen pharisäischen Studien oblag, περισσο- τέρως ζηλωτὴς ὑπάρχων τῶν πατρικῶν μου παραδόσεων (Gal. 1, 14), erklärte sich dagegen Jesus bei seinem sonst affirma= tiven Verhältniß zu dem Wesensgehalte des mosaischen Gesetzes, auf das entschiedenste gegen die παράδοσις τῶν πρεσβυτέρων – wir brauchen außer auf die bekannten Aussprüche in der Bergrede, nur auf die große, scharfe antipharisäische Rede desselben (Matth. 23, 1 ff. Mark. 12, 38 ff. Luk. 20, 45 ff.) hinzuweisen — so kann dieser notorischen Thatsache zufolge die Begegnung zwischen Paulus und Jesus, was den ersteren anlangt, doch nur als eine schlechthin abstoßende und feindselige gedacht werden, wie ja Paulus nach dem Tode des Herrn als der wüthendste Verfolger der Ge= meinde diese seine Gesinnung überdieß deutlich genug an den Tag gelegt hat. Will man dieses Verhältniß des früheren Saulus zu Jesus mit dem Namen einer „persönlichen Bekanntschaft" bezeich= nen, und in dem ἐγνωκέναι κατὰ σάρκα Χριστόν angedeutet finden: so erwächst nunmehr für die derartig Interpretirenden die Aufgabe, die so gedeuteten Worte des Apostels in eine angemessene Analogie zu dem zu setzen, was dessen Gegner etwa unter ihrem „Kennen Christum nach dem Fleische" als einen Ruhm für sie be=

gründend verstanden wissen wollten. Wenn diese letzteren ihre
Bekanntschaft mit Jesus als etwas sie hoch über Paulus Erheben=
des anführen konnten, was anders durften sie, falls man ihnen ein
auch nur bescheidnes Maaß von Vernunft zugesteht, darunter be=
fassen als das, daß sie eine Zeit lang in der Begleitung Jesu seine
Worte zu hören, seine Thaten zu sehen in der Lage gewesen seien,
nicht etwa in der Eigenschaft feindseliger Widersacher, sondern auf=
merksamer Zuhörer, lernbegieriger Schüler? Nur allein ein solcher
Umgang mit Jesus war doch im Stande „einen gewissen Glanz auf
sie zurückzuwerfen", wenigstens nach dem subjektiven Bewußtsein der
sich Rühmenden, mag man auch objektiv über den Nutzen dieser
persönlichen Berührung mit dem Herrn für die Betreffenden so
gering denken, wie man will. Wenn nun Jemand, sich mit einem
Andern in Betreff des Besitzes einer Sache vergleichend, den Aus=
spruch thut: wenn er auch für sich das Nemliche in Anspruch
nehmen könne, was der Gegner für sich vindicire, so lege er doch
jetzt keinen Werth mehr darauf, um dasselbe für sich als ihn mit
dem Widersacher auf gleiche Höhe stellend anzuführen: so ist doch
bei solcher Rede die nothwendige Voraussetzung, ohne welche sie
sinnlos sein würde, die, daß das, worauf der so Sprechende ver=
zichtet, dem gleichartig sein müsse, dessen der Andere sich rüh=
men kann, nicht etwa conträr entgegengesetzt. Eine solche
sinnlose Aeußerung würde aber dem Obigen zufolge jene Erklärung
dem Paulus zuschreiben, wenn sich als deren Consequenz ergiebt:
Freilich könne er sich ebenso wie seine Gegner eines persönlichen
Umganges mit Jesus rühmen aus der Zeit her, wo er als zelo=
tischer Pharisäer mit verhaltener Wuth dessen Reden gegen die
heiligen Ueberlieferungen der Väter angehört, und von dessen that=
sächlicher Geringschätzung des Gesetzes Kenntniß zu nehmen in der
Lage gewesen sei, allein von jetzt an lege er auf dieses ihn mit
seinen Gegnern ebenbürtig Darstellende kein Gewicht mehr. Je
verdienteren Hohn Seitens seiner Widersacher Paulus in diesem
Falle — wo er im Ernste so geredet hätte; denn an Ironie ist
hier doch wohl nicht zu denken, — eingeerntet haben würde: desto
berechtigter wird unsere Hoffnung sein, die von uns bekämpfte
Auslegung der betreffenden paulinischen Worte möchte von nun an
von dem exegetischen Repertoir verschwinden.

Hat es sich somit als unmöglich herausgestellt, daß Paulus
hier von seiner vorchristlichen Bekanntschaft mit dem historischen

Chriſtus rede: ſo könnte uns die Verlegenheit, welche uns die in
Frage ſtehende ſchwierige Stelle bereitet, geneigt machen, es für
den Augenblick mit der von Baur vorgeſchlagenen Deutung zu ver-
ſuchen. Auch nach dieſes Gelehrten Ueberzeugung ſpricht hier Paulus von ſeiner vorchriſtlichen Stellung zu Chriſtus, nur iſt es nicht
der hiſtoriſche Chriſtus, den der Apoſtel nicht mehr zu kennen von
ſich behauptet, ſondern Χριστὸς κατὰ σάρκα iſt ihm der Meſſias
des Judenthums, die national-jüdiſche Idee oder Vorſtellung vom
Meſſias. Da dem jüdiſchen Meſſiasbegriffe das Moment des Lei-
dens und Sterbens der meſſianiſchen Perſönlichkeit gefehlt habe, ſo
habe jenem zufolge Paulus au dem Kreuzestode Chriſti den größten
Anſtoß nehmen müſſen, bis jener Umſchwung ſeines religiöſen Be-
wußtſeins erfolgt ſei, in Folge deſſen ſeine Meſſiasidee von allen
ihr im Judenthum anhängenden ſinnlichen Elementen gereinigt worden, und der Apoſtel von dieſem Momente an nichts mehr von dem
fleiſchlichen, weil nicht durch den Tod hindurchgegangenen Chriſtus
habe wiſſen wollen.*)

Niemand wird leugnen können, daß dieſe Auffaſſung des in

---

*) Baur, Paulus, 2. Aufl. I. S. 304. „Der Χριστὸς κατὰ σάρκα kann
nur der Chriſtus oder Meſſias des Judenthums ſein, und der Apoſtel ſagt
demnach, was einen ebenſo grammatiſch natürlichen als an ſich befriedigenden
Sinn giebt: wenn es auch der Fall war, daß ich früher keinen andern Meſſias kannte, als den Meſſias des Judenthums, einen ſolchen, der mir alle
meiner Nation eigene Vorurtheile und ſinnliche Neigungen ließ, und nicht im
Stande war, mich auf die neue Stufe des geiſtigen Lebens zu erheben, auf
welcher ich jetzt ſtehe, ſofern ich dem Chriſtus lebe, der für mich, wie für alle
geſtorben iſt; ſo kann ich doch jetzt dieſen Begriff des Meſſias nicht mehr als
den wahren auerkennen, ich habe mich von allen Vorurtheilen, von allen
ſinnlichen Vorſtellungen und Erwartungen losgeriſſen, die durch die natürliche
Abſtammung von meiner Nation auch auf mich übergegangen waren, ſich auf
mich, als gebornen Juden, vererbt hatten.“ — N. T. Theologie P. 130 f.:
„Κατὰ σάρκα erkannte er Chriſtum, ſo lange er nur die national-jüdiſche
Vorſtellung vom Meſſias hatte, und das Weſentliche dieſer Vorſtellung war,
daß der Meſſias keines ſolchen Todes ſterben ſollte, wie der Tod Jeſu war.
Die Meinung, daß der Meſſias keines ſolchen Todes ſterben ſollte, war ihm
ein κατὰ σάρκα Χριστὸν γινώσκειν, der jüdiſche Meſſias war ihm ſelbſt nur
ein fleiſchlicher Meſſias, weil er als ein nicht durch den Tod hindurchgegange-
ner Meſſias noch alles Fleiſchliche an ſich hatte, was erſt durch den Tod als
die Vernichtung des Fleiſches aufheben kann. In dem Tode Jeſu erkannte
er daher die Läuterung der Meſſiasidee von allen ihr im Judenthum anhängenden ſinnlichen Elementen, ihre Erhebung in das wahrhaft geiſtige Bewußtſein.“

Rede stehenden· Ausspruches des Apostels, wie sie der berühmte Kritiker auch nach manchen gegen dieselbe erhobenen Bedenken wiederholt dargelegt hat, eine geistvolle sei, und daß Wahrheits= keime in ihr verborgen liegen, die, vom Irrthümlichen gereinigt, richtig verwendet und in das rechte Licht gestellt, nur geeignet sein können, etwas zur Aufhellung des großen Dunkels beizutragen, welches über dem Verständniß unserer Stelle noch ausgebreitet ist. Allein andererseits ist nicht minder klar, daß gegen die Form, in der Baur hier interpretirt, als gegen eine keineswegs grammatisch natürliche, die begründetsten Bedenken erhoben werden können. Wir wollen hier nur kurz notiren, was schon andere Exegeten nach dieser Seite hin nicht ohne Grund angeführt haben, daß Baur Χριστὸς κατὰ σάρκα zu e i n e m Begriffe verbunden zu haben scheint (Messias des Judenthums), während κατὰ σάρκα seiner Stellung nach ohne Zweifel zum Verbum ἐγνώκαμεν gehöre; daß er Χριστὸς im appellativen Sinne nehme, wozu er nur ein Recht hätte, wenn Paulus ὁ X. geschrieben hätte; daß er das erste Hemistich in V. 16 einer äußerst gekünstelten Auslegung unter= werfe.*) Im Wesentlichen auf der Grundlage der Baur'schen An=

---

*) Baur, Paulus, erste Aufl. P. 286 giebt den Sinn des ersten Verses so wieder: „Seitdem ich .... mit ihm (d. h. dem gestorbenen Christus) in Verbindung gekommen bin, weiß ich von n i c h t s a n d e r e m mehr, was in Folge der äußeren Verbindung, in welcher ich zu der Nation stehe, meine Geistesrichtung bestimmen und beherrschen könnte" u. s. w. Daß hier Baur dem „οὐδένα" in keiner Weise gerecht wird, liegt auf der Hand; er spricht hier so, als läse er das Neutrum οὐδέν, während οὐδένα nur an P e r s o n e n denken läßt, die Paulus nicht mehr zu kennen oder kennen zu wollen be= hauptet. — Es mag hier auch noch bemerkt werden, daß Meyer vollkommen in seinem Rechte ist, wenn er darauf besteht, daß κατὰ σάρκα, ohne Zweifel die Norm des K e n n e n s angebend, nicht von der s u b j e k t i v e n, sondern von der o b j e k t i v e n Norm gefaßt werden dürfe. Da nemlich Paulus in V. 14 und 15 nicht ausdrücklich s e i n e i g e n e s subjektives in oder mit Christo Ge= storbensein betont, sondern mit dem Tode des Einen den Tod der G e s a m m = t e n und ihre schlechthinige Gemeinschaft mit dem gestorbenen und aufer= standenen Christus hervorgehoben hat: so liegt es jedenfalls am nächsten, daß die hieraus in der ersten Vershälfte von V. 16 gezogene Consequenz d e n Sinn habe: Paulus kenne von jetzt an Niemanden, sofern er unter der Norm der σάρξ stehe, welche ja für diesen (dem in οὐδένα enthaltenen Subjekte) aufge= hört habe maaßgebend zu sein, da dieser ja zu den πάντες gehört, die mit Christo gestorben sind, und also ihre σάρξ verloren haben. Folgerecht darf im zweiten Gliede des Verses κατὰ σάρκα nur die nemliche Bedeutung haben. Wir haben in demselben also eine Consequenz, die sich einfach aus

schauung hat Hilgenfeld dessen Deutung unserer Stelle zu verbessern gesucht, indem er den Sinn der Worte des Apostels so wieder= giebt*): „Daher erkennen wir von jetzt an keines Menschen äußeres Ansehn mehr an; ja selbst wenn wir an Christi äußerer Knechtsgestalt uns einst geärgert haben (an seinem schmachvollen Kreuzestode Anstoß nahmen, in seinem Tode seine göttliche Verur= theilung sahen und ihn deßhalb verfolgten), so thun wir dies doch heute nicht mehr." Gegen diese Erklärung hat nun schon Beyschlag nicht ohne Grund eingewendet, daß κατὰ σάρκα in beiden Vers= hälften doch keineswegs übereinstimmend („äußeres Ansehn" — „äußere Knechtsgestalt") gedeutet sei. Was aber noch gewichtiger der Baur=Hilgenfeld'schen Erklärung entgegenzusetzen sein wird, ist Folgendes. Nach dieser ist das Kennen Christi, von dem Paulus redet, ja ein vollkommnes Verkennen ja bis zur Verfolgung fort= schreitendes Anstoßnehmen an demselben. Wie kann Paulus aber dieses so qualificirte Verhalten seiner selbst Christo gegenüber ein γινώσκειν κατὰ σάρκα Χριστὸν nennen und mit der Stellung seiner Gegner zu Christus in Parallele setzen? Daß die judaisti= schen Widersacher des Paulus Christum verfolgten, weil sie an seinem Kreuzestode Anstoß nahmen, ist ja doch offenbar buchstäblich verstanden, gar nicht denkbar. Aber auch eine Redeform „ächt paulinischer Feinheit"**) angenommen, wie ungleichartig ist das, was Paulus von sich verneint, und eben damit von seinen Gegnern bejaht. Letztere hielten sich nur an ihr durch persönliche Bekannt= schaft mit Jesus begründetes Verhältniß zu dem irdischen Christus. Paulus nahm den höchsten Anstoß an dem gekreuzigten Christus und ging zu seiner heftigsten Verfolgung über. Steht sich dies beides nicht ebenso conträr entgegen, wie jene oben von uns ver= worfene Fassung, nach welcher der Apostel seine widerwillig feind= selige Berührung mit Jesus mit der anhänglichen socialen Gemein= schaft seiner Gegner parallelisirt hätte? Mit einem Worte, etwas so Nachtheiliges kann Paulus unmöglich dem ganzen Zusammen= hange nach hier von sich durch den Ausdruck ἐγνωκέναι κατὰ σάρκα Χριστόν behauptet haben. Mag das Kennen Christi κατὰ

dem εἰς ὑπὲρ πάντων ἀπέθανε ergiebt, und nichts anderes besagt, als daß das Moment der σάρξ bei Christus, weil er dieselbe im Tode verloren habe, keine maaßgebende für die Kenntniß Christi Seitens des Apostels sei.

*) Zeitschrift f. wiss. Theol. 1864; 3.
**) Hilgenfeld, Zeitschrift IX, 4. 259.

σάρκα immerhin im Bewußtsein des Paulus etwas, sei es In=
differentes, sei es Ungenügendes, gewesen sein, so doch nicht etwas
grabeswegs „Verwerfliches". Gewiß war sich der Apostel bewußt,
in seiner jetzigen Christuserkenntniß vor seinen Gegnern etwas vor=
aus zu haben, was ihnen mangelte, worin sie hinter ihm zurückstänben.
Hätte dieses aber in nichts Anderem bestanden, als in der Verzicht=
leistung auf die Verfolgung des gekreuzigten Christus, so wäre dies
eine so negative Größe gewesen, daß nicht er, sondern seine Wider=
sacher etwas vor ihm vorausgehabt haben würden, insofern ein ihre
Vergangenheit oder Gegenwart so compromittirendes Moment ihnen
Niemand zur Last legen durfte.

Hat uns somit eine Durchmusterung der neuesten Erklärungs=
versuche des dunkeln Ausspruches des Paulus wenigstens den Er=
trag geliefert, festzustellen, was derselbe n i c h t gemeint haben könne:
so erwächst uns nunmehr die Verpflichtung, auf die oben gestellte
Frage: was bedeutet κατὰ σάρκα? positiv zu antworten. Waren
wir vorhin genöthigt, die Bedeutung „irdisch=menschliche Erscheinung"
für σάρξ, insofern sie Christo beigelegt wird, als a n s i ch unzu=
reichend zu erweisen: so stünde vor der Hand nichts im Wege, sie
als Ausgangspunkt für eine neue befriedigendere Erklärung anzu=
nehmen, falls es uns nur gelänge, das Ungenügende durch Hinzu=
nahme anderer unmittelbar damit verbundenen Momente so zu
ergänzen und zu vervollständigen, daß wir zu einer Gedankenreihe
gelangten, die allem dem Genüge thäte, was der Sprachgebrauch
und der Zusammenhang schlechthin fordert.

Was ist Alles damit gesetzt, wenn man sich Christum κατὰ
σάρκα, nach seiner irdisch=menschlichen Erscheinung vorstellt? Zu=
nächst doch das, daß er der Abkömmling einer bestimmten Nation,
der israelitischen, des von Gott erwählten Bundesvolkes ist. Hebt
ja Paulus dies Moment selbst Röm. 9, 5 hervor: καὶ ἐξ ὧν (sc.
Ἰσραηλιτῶν cf. V. 4) ὁ Χριστὸς τὸ κατὰ σάρκα. Ist er ja
der dem Abraham von Gott verheißene Saame (Gal. 3, 16); näher
geboren ἐκ σπέρματος Δαυὶδ κατὰ σάρκα (Röm. 1, 3). Ist
in diesem Sinne Christus Nationaljude und Nationalmessias, so war
der vom Weibe geborne auch γενόμενος ὑπὸ νόμον (Gal. 4, 4).
Dem Gesetze gemäß war Christus beschnitten und mit der Beschnei=
dung übernahm er die Verpflichtung des unverbrüchlichen Gehorsams
gegen jenes, den er dadurch erfüllte, daß er das Gesetz nach seinem
ganzen Umfange für unauflöslich erklärte (Matth. 5, 17, cf. 5,

23—24; 23, 3. 23; 6, 17 ꝛc.), und demgemäß auch durch die That
keinen Schritt über die von jenem gezogenen Grenzen hinausging,
mochte er gleich über einzelne spätere pharisäische Zuthaten sich hin=
wegsetzen. Mit der national=israelitischen und mosaisch=legalen
Begrenztheit Christi, sofern er κατὰ σάρκα erkannt wird, hängt
denn nun auf's engste auch noch ein anderes Moment zusammen:
die partikulare Beschränkung seiner Thätigkeit als Prophet oder
Messias auf Israel (Matth. 10, 5. 6; 7, 6; 9, 36; 15, 24).
Weßhalb Paulus sagen kann: Ἰησοῦν Χριστὸν διάκονον γεγενῆσθαι
περιτομῆς (Röm. 15, 8). Hiernach würde also der historische
Christus, insofern er Nationaljude, beschnitten, und sich während
seines Lebens streng innerhalb der legalen und partikularen Schranken
seines Volkes, des Volkes der Beschneidung, bewegend war, von
Paulus als ein κατὰ σάρκα erkannter Christus genannt werden
können, ohne daß wir zu befürchten brauchten, wir hätten unter die
Kategorie der σάρξ mehr subsumirt, als es der Sprachgebrauch
des Apostels gestattete. Denn daß die Abkunft eines Menschen von
einer bestimmten Nation, sei es gleich die israelitische, von Paulus
unter den Gesichtspunkt der σάρξ gestellt werde, dafür genügt es
einfach auf 2 Kor. 11, 18. 22; Philipp. 3, 4 ff. hinzuweisen. Nicht
anders ist über die Beschneidung zu urtheilen Röm. 2, 25—29;
4, 1; 1 Kor. 7, 19; Gal. 6, 13. Auch das Gesetz, obgleich πνευ=
ματικός (Röm. 7, 14), hat doch eine Seite an sich, nach der es
Paulus zu den ἀσθενῆ καὶ πτωχὰ στοιχεῖα τοῦ κόσμου rechnet
(Gal. 4, 3. 9), so daß Menschen, die lediglich in einem äußeren
Gehorsamsverhältnisse zu jenem stehen, unbedenklich rein als solche
unter die Norm der σάρξ befaßt werden können (Gal. 4, 23. 29).
Das Gleiche gilt natürlich auch von Solchen, welche die nationale
Abstammung und die Beschneidung zur nothwendigen Bedingung des
Empfanges des messianischen Heiles machen, und sich eben deßhalb
auf die ἀποστολὴ τῆς περιτομῆς beschränken (Gal. 6, 13).
Wäre nun somit Christus als κατὰ σάρκα erkannter der national,
legal, partikular beschränkte: würde er so aufgefaßt nicht als ein
durchaus angemessenes Objekt für die Erkenntniß der judaistischen
Gegner des Paulus gelten können? Würde in diesem Christus nicht
Alles das zusammengefaßt sein, was mit ihrer sonstigen Denk=,
Sinn= und Handlungsweise in Einklang stünde? Würde ihre Christo=
logie nicht ein treues Gegenbild ihrer Soteriologie bilden? Als
Judaisten bekämpfen sie den Universalismus des Paulus, welcher

durch seine Lehre von der Rechtfertigung durch den Glauben allein, den Besitz des messianischen Heiles allen Völkern ohne Unterschied, ohne weitere Bedingung, als eben an Christus zu glauben, eröffnete. Stand dieses Verfahren im Einklang mit der Natur und Handlungs= weise Christi selbst? Nach der Ueberzeugung der Gegner des Apostels nicht im mindesten. Der Christus, der in i h r e r erinnernden Reflexion lebte, der nichts war als der irdisch=empirische Nationalmessias, sich in den engen Schranken des Gesetzes und der Gemeinde der Be= schnittenen bewegend, mußte ihnen völlig entgegengesetzte Wege ihres Verhaltens weisen. Sein Beispiel vor Augen, glaubten sie es als Vorzug unendlichen Werthes betrachten zu dürfen, nicht als „Sünder aus den Heiden" (vergl. Gal. 2, 15), sondern als Abrahamssöhne geboren zu sein, die Beschneidung als Angeld messianischer Seligkeit empfangen, das Gesetz, das Urbild der Erkenntniß und der Wahr= heit, als ewige, unverbrüchliche göttliche Norm geoffenbart und zugleich als heilsamen Zaun gegen heidnisch=sündhaftes Wesen erhal= ten zu haben, mitsammt der Verpflichtung, den kategorischen Wei= sungen ihres Christus gemäß auf dessen Befolgung sowohl für sich als für Andere zu halten, den Kreis der ursprünglich messiasgläu= bigen Juden nur denen aus den Heiden zu öffnen, welche am liebsten durch die Beschneidung selbst Vollbürger Israels werden, zum min= desten das feierliche Gelöbniß der Unterwerfung unter das Gesetz ab= legen müßten. Mochte so von Seiten dieser Judaisten das Wesen des historischen Christus noch so einseitig aufgefaßt sein, daß es von einem beschränkten Standpunkte so begriffen werden k o n n t e, wird nicht bezweifelt werden können, ja daß es so dargestellt werden m u ß t e, wenn jene ihre national=legalen Tendenzen zur Ausführung bringen wollten, ist nur zu erklärlich. Denn nicht mit einfältigen Idioten als Gegnern hat Paulus es zu thun, sondern, wie wir spä= ter genauer uns überzeugen werden, mit Solchen, deren schlangen= kluge Dialektik (2 Kor. 10, 5; 11, 3) und Redefertigkeit (Ebend. 11, 6) der Apostel sehr wohl kennt, und von denen deßhalb schlechter= dings anzunehmen ist, daß ihre Lehre von Christus nicht im Wider= spruch mit ihrer Heilslehre gestanden, sondern den Hauptstützpunkt ihres aggressiven Vorgehens gegen das paulinische Christenthum ge= bildet haben werde.

War dies die Christologie der Gegner des Apostels, die er als ein ἐγνωκέναι κατὰ σάρκα Χριστόν bezeichnet, so bleibt uns der Nachweis übrig, wie auch Paulus in eben solcher oder mindestens

analoger Weise Christum erkannt habe, und wie er von einem ge=
wissen Zeitpunkte an von sich behaupten könne, er theile diese Ueber=
zeugung nicht mehr.

Das erstere zu erweisen kann uns nicht schwer fallen, da wir
ja die Belege zu dem, was Christum kennen nach dem Fleische be=
deute, zum größeren Theile aus den eigenen Briefen des Apostels
entnommen haben. Lassen wir eine persönlich=sociale Berührung
mit Jesus bei dem Apostel als völlig problematisch dahingestellt sein:
so mußte doch Paulus, wenn wir auch sein Bemühn, historische
Kenntniß von jenem zu erlangen, noch so geringe anschlagen, zum
mindesten das aus der urchristlichen Tradition erfahren haben, daß
Jesus der messianischen Weissagung entsprechend aus Davids Ge=
schlecht hervorgegangen, dem Gesetze gemäß beschnitten und demselben
unterthan gewesen sei, auch in seiner Predigt und Lebensweise eine
eigentliche Abrogation des Gesetzes nicht vorgenommen, sowie sich
mit seiner evangelischen Verkündigung innerhalb der Grenzen des
Judenthums gehalten und die Aufnahme von Heiden in die messia=
nische Gemeinde unter ausdrücklicher Beseitigung der Beschneidung
direkt nicht befürwortet habe. Ob er außer dieser lediglich die na=
tional=partikulare Seite der Natur des historischen Christus wieder=
gebenden Kunde, auf dem Wege historischer Erfahrung
auch noch die universal=menschliche, wie sie uns selbst in den von
der Kritik unbeanstandeten Abschnitten der synoptischen Evangelien
so unverkennbar bedeutsam und großartig hervortritt, kennen gelernt
habe, ist immerhin möglich, aber nachweisbar ist es nicht, da Paulus
bekanntlich in seinen Briefen von der Persönlichkeit und der Lehre
Jesu als historischen Thatsachen so gut wie nichts mittheilt,
jedenfalls nicht etwas derartiges, daß wir für die vorliegende Frage
irgend welche sicheren Schlüsse daraus machen könnten. Offenkundig
dagegen ist es, daß Paulus wenigstens der Hauptsache nach auf
einem anderen Wege als dem der historischen Kenntnißnahme zu einer
das national=partikulare Bild Christi ergänzenden und berichtigenden
Vorstellung von dem Herrn gelangte. In Folge der ihm zu Theil
gewordenen Offenbarung des auferstandenen Christus wurde ein
Proceß seines religiösen Selbstbewußtseins eingeleitet, durch den der
κατὰ σάρκα erkannte Christus wohl noch ein Moment seines Be=
wußtseins blieb (als historische Thatsache konnte es ja schlechthin
nie ganz ausgelöscht werden), allein doch so in den Hintergrund
desselben zurückgedrängt wurde, daß ein anderes Moment sich mit

weit überwiegender Energie zur Geltung brachte. Dem auferstan=
benen Christus fehlte (zwar nicht ein σῶμα, wohl aber) die σάρξ.
In seinem Kreuzestode war diese zu Grunde gegangen. Mit der
Hinwegnahme der σάρξ verlor seine nationale Abkunft sammt seiner
Beschneidung ihre Bedeutsamkeit. Der Herr ist τὸ πνεῦμα (2 Kor.
3, 17). Principiell unter diese Kategorie gestellt, ist Christus der
zweite Adam, der ἄνθρωπος ἐξ οὐρανοῦ (1 Kor. 15, 45. 47),
der universale Mensch, nicht mehr Einzelindividuum einer bestimm=
ten Nationalität. So wichtig für den Apostel auch die σάρξ. die
Christus früher besaß, in dem Sinne einer real=menschlichen Leiblich=
keit ist, weil nur eine solche den Kreuzestob desselben ermöglichte
(2 Kor. 13, 4), in welchem bekanntlich dem Paulus das ganze mes=
sianische Heil begründet liegt: eine so verhältnißmäßig untergeordnete
Bedeutung hat für sein ideales christliches Bewußtsein der Um=
stand, daß Christus aus Abraham's und David's Samen hervor=
gegangen ist. Dies wird namentlich klar, wenn wir sehen, wie der
Apostel Röm. 1, 3 dem „γενομένου ἐκ σπέρματος Δαυῒδ κατὰ
σάρκα" ein so starkes, überwiegendes Gegengewicht giebt an dem
„τοῦ ὁρισθέντος υἱοῦ θεοῦ ἐν δυνάμει κατὰ πνεῦμα ἁγιωσύνης
ἐξ ἀναστάσεως νεκρῶν." Weiter: das Gesetz hat über den Men=
schen nur so lange eine Herrschaft, als dieser am Leben befindlich
ist; mit seinem Tode tritt er aus dem Verbande desselben heraus
(Röm. 7, 1. 2). Dasselbe ist auch bei Christus geschehen; obgleich
γενόμενος ὑπὸ νόμον (Gal. 4, 4), ist er jetzt dem Gesetze getöbtet
(Röm. 7, 4). Diener der Beschneidung ist Christus nur geworden,
um die den Patriarchen gegebenen göttlichen Verheißungen, nach
denen zunächst der Messias dem Volke Israel Erlösung bringen
sollte, zu erfüllen (Röm. 15, 8). Ihn nach seinem Tode und seiner
Auferstehung als Herrn der Gemeinde, die laut prophetischer Weis=
sagung auch die Heiden umfaßt (Röm. 15, 9—12), noch unter jener
beschränkten Kategorie festhalten zu wollen, ist für Paulus insofern
eine Unmöglichkeit, als der universale, dem Gesetz nicht mehr unter=
stellte Christus durch den Tod hindurch auch den engen Grenzen
seiner irdischen Wirksamkeit enthoben, und die gesammte Menschheit
als Gegenstand seiner erlösenden Thätigkeit zugetheilt erhalten hat
(Gal. 3, 26—28). Wir sehen somit, was Alles für das Bewußt=
sein des Apostels aus dem Tode Christi, in welchem dessen σάρξ
hinweggenommen wurde, rücksichtlich seiner Kenntniß des Herrn sich
ergab. Urtheilte er nichts zu wissen εἰ μὴ Ἰησοῦν Χριστὸν, καὶ

Klöpper, Untersuchungen ꝛc. 5

τοῦτον ἐσταυρωμένον (1 Kor. 2, 2): so verlor eben Alles das, was mit der σάρξ Christi zusammenhing, in dem Maaße seine Bedeutsamkeit, als der mit Christo gestorbene Apostel lediglich dem gestorbenen und auferstandenen Gottessohne lebte. Die irdisch-menschliche Erscheinung Christi, freilich nicht an sich, sondern sofern an ihr eine nationale, legale, partikulare Beschrän-kung haftete, war für seine Schätzung zu einem Momente sehr untergeordneter Bedeutung herabgesunken, während seine Gegner sich gerade an dieses als an das eigentliche Wesen anklammer-ten, und dasselbe in seiner Isolirtheit als ein ewiges hypostasirten. So eng begrenzt ihr eigenes Bewußtsein durch nationale Vorurtheile, so eingeengt ihr Lebenswandel in Schranken gesetzlicher Werkleistungen war: so war auch ihr Christus. Sein Tod hatte für ihr Bewußt-sein keine ihre christologische Erkenntniß irgend wie tiefer modifi-cirende Bedeutung. Christus war für sie umsonst gestorben (δωρεὰν ἀπέθανε Gal. 2, 21), während Paulus gerade aus dieser Funda-mentalthatsache die tiefgehendsten und weitreichendsten Consequenzen zog, die in dem Ausspruche zusammengefaßt sind, daß, wenn er auch früher erkannt habe κατὰ σάρκα Christum, ihn doch jetzt nicht mehr so kenne.

Welches ist nun-aber dieser Zeitmoment, von dem an dieser Umschwung des Bewußtseins des Apostels erfolgt ist, von wo an ist das νῦν zu datiren? Die Beantwortung dieser Frage ist nicht ohne Bedeutung, da wir als einen Einwand gegen unsere bisherige Deutung der in Rede stehenden Stelle erwarten müssen, wir ver-möchten das ἀπὸ τοῦ νῦν nicht zu erklären. So viel steht uns von vornherein fest, auf den Moment der Bekehrung des Paulus in der Nähe von Damaskus dürfen wir das „Jetzt" nicht fixiren. Wir glauben im Obigen unwiderleglich dargethan zu haben, daß Paulus sein Verhältniß zu Christo, welches er als pharisäischer Ge-setzeszelot hatte, nicht durch ἐγνώκαμεν κατὰ σάρκα Χριστόν habe ausdrücken können. Diese Form seiner Erkenntniß Christi muß schlechterdings als eine innerhalb seines schon christlichen Bewußtseins vorhandene aufgezeigt werden. Sie kann es aber auch unbedenklich, da sie sich ja nicht als eine an sich schon verwerfliche, sondern nur als eine einseitige, ungenügende, unvollständige erwiesen hat. Dazu kommt, daß der Zusammenhang uns durchaus nicht die Nöthigung auferlegt, das Nicht mehr Kennen nach dem Fleische Christum des Apostels von dem punktuellen Moment seines Bekehrungsaktes zu batiren. Paulus selbst thut dies keineswegs, er spricht nur von der Zeit, von wo an er den Opfertod Christi in seiner Consequenz zu beurtheilen angefangen habe. Mochte nun das Princip zu diesem κρίνειν in dem Momente gesetzt sein, wo Gott seinen Sohn in ihm offenbarte (Gal. 1, 16), wo ihm Christus erschien (1 Kor. 15, 8): hat man denn nöthig, mit dem Principe sich alle Consequenzen gleichzeitig in der explicirtesten Gestalt gegeben vorstellig zu machen? Ja darf man dies überhaupt nur thun, wenn man nicht alle psychologische Erfahrung negiren will? Gewiß war die Bekehrung des Paulus ein Moment, von dem eine so radikale Umwandlung seines Bewußtseins datirt, wie er in solcher Absolutheit vielleicht nie in der Religionsgeschichte vorgekommen sein mag: allein als einen völlig magischen Hergang kann ihn nur ein in phantastischen oder idiotischen Kategorien vorstellendes Bewußtsein auffassen. Da, wo man noch irgend welche psychologische Analogien zuläßt, um ihn sich näher zu bringen, wird man nicht bis zu der Behauptung fortgehen dürfen, mit seiner Bekehrung sei dem Paulus wie mit einem Schlage sofort seine ganze dialektisch ausgeformte Christologie, wie sie uns in seinen Briefen entgegentritt, als Angebinde mitgegeben worden. Vielmehr beburfte es längerer Zeit einer fortgehenden intensiven inneren Arbeit, um Alles das für die Erkenntniß zu vermitteln und festzustellen, was als fruchtbarer Keim im tiefsten Grunde seines geistigen Wesens als Offenbarungsthatsache niedergelegt war. Der Apostel selbst theilt uns mit, daß er unmittelbar nach seiner Bekehrung nach Arabien gegangen sei, wo er drei Jahre, gewiß nicht mit der Verkündigung des Evangeliums*), sondern in stiller Meditation, in der Durcharbeitung seines neu gewonnenen Bewußtseins, in der Ueberwindung angeerbter und anerzogener An-

---

*) Hierauf führt der Zusammenhang von Gal. 1, 17 keineswegs. Im Gegentheil bildet nur dann das ἀπῆλθον εἰς Ἀραβίαν einen angemessenen Gegensatz zu dem Negativen, daß der Apostel nicht nach Jerusalem gegangen sei, um sich von dort seine ihm nöthige Belehrung zur Verkündigung des Evangeliums zu holen, wenn Arabien der Ort war, wo er selbstständig die ihm gewordene Offenbarung zu einem eigenthümlichen Lehrbegriff, dem εὐαγγέλιον τῆς ἀκροβυστίας, sich vermittelte und ausbildete. Wäre es ferner nicht höchst auffallig, daß in dem Falle, wenn P. in Arabien drei Jahre das Evangelium verkündigt hätte, gar keine Spuren von dieser so langdauernden Thätigkeit sich in jenen Gemeinden, die sich doch in Folge dieser Predigt gebildet haben müßten, erhalten haben sollten; daß Paulus nirgends im Vorbeigehen einmal der dortigen Erfolge und Gläubigen Erwähnung thut?

schauungen und Vorurtheile durch die neuen ihm eröffneten Ge=
sichtspunkte, mit einem Worte in der Ausgestaltung und Aus=
prägung seines ihm eigenthümlichen τύπος διδαχῆς (Röm. 6, 17)
zugebracht haben wird. Aber selbst dann, als Paulus sein εὐαγγέλιον τῆς ἀκροβυστίας verkündigte, darf man sich den Proceß
innerer organischer Durch= und Fortbildung seines Lehrbegriffes
nicht stillgestellt benken, um so weniger, als die heftige Opposition,
mit der der Apostel unablässig zu kämpfen hatte, für ihn nur eine
fruchtbare Sollicitation werden konnte, den gegnerischen Negationen
gegenüber immer inhaltsreichere Positionen zu gewinnen. Und daß
namentlich auch die Christologie als die objektive Kehrseite der
anthropologischen und soteriologischen, sich immer folgerichtig erwei=
ternden Erkenntnisse des Paulus nur mit in diesen Entwickelungs=
proceß hineingezogen worden sei, liegt durchaus innerhalb der Grenzen
der Wahrscheinlichkeit, ja läßt sich, wenn wir die ältesten Briefe, die
an die Thessalonier, mit den mittleren, und diese wieder mit den
späteren, dem Philipper= und Kolosserbriefe, vergleichen, sogar that=
sächlich erweisen. Hatte nun Paulus Christum in dem von uns
oben entwickelten Sinne κατὰ σάρκα kennen gelernt, — und an
Gelegenheit dazu wird es ihm bei seinen wenn auch nur kurzen und
vorübergehenden Berührungen mit den jerusalemitischen Kreisen doch
keineswegs gefehlt haben, — so konnte er allerdings selbstverständ=
lich diese Erkenntniß in seinem Bewußtsein nicht auslöschen, da man
von etwas, was man weiß, nicht bewirken kann, daß man es nicht
weiß. Wohl aber kann Paulus, wenn ihm von seinen schroff=
sten Gegnern die Erkenntniß Christi in seiner natio=
nalen, legalen und partikularen Begrenzung als die
einzig und allein maßgebende entgegengehalten wurde
zu dem ostensiblen Zweck, um damit das gesetzfreie
universalistische Evangelium des Paulus als ein ge=
fälschtes zu verdrängen, den oppositionell zu verstehenden
Ausspruch thun: wenn er auch Christum nach dem Fleische erkannt
habe, so kenne er ihn doch jetzt nicht mehr so, ohne daß für uns
die Verpflichtung erwüchse, als den Terminus a quo dieses Nicht=
mehrkennens ein ganz bestimmtes Kalenderdatum aufzeigen zu müssen.
Sehr viele Aussprüche des Apostels gewinnen ja nur, als Wahr=
heiten des Gegensatzes aufgefaßt, ihre vollkommene Klarheit und
Bestimmtheit. Seine Urtheile über wichtige Objekte seines religiösen
Bewußtseins modificiren sich nach der jeweiligen Position, die er

seinen Widersachern und deren Behauptungen gegenüber einzunehmen
hat. Es darf daher nicht im mindesten auffallen, wenn Paulus im
Römerbriefe, in welchem er einem gemäßigten, noch unbefangenen,
noch nicht durch fanatische Leidenschaft gegen ihn verbitterten Juden=
christenthum gegenüber einen möglichst entgegenkommenden, versöhn=
lich verständigenden Ton anzuschlagen in der Lage ist, auch ebenso
unbefangen ein paar, von uns oben angezogene, christologische Aeuße=
rungen thun kann, die an das anzuklingen scheinen, was derselbe
Apostel im zweiten Korintherbriefe in sehr kategorischer Form als
ein für ihn v e r g a n g e n e s γινώσκειν κατὰ σάρκα Χριστός
bezeichnet*). Denn der Sache nach will Paulus nur dann den
nationalen Davidssohn, den „Diener der Beschneidung", n i c h t
kennen, wenn seine Gegner n u r v o n d i e s e m a l l e i n, dagegen
nichts von dem wissen wollen, was dessen Tod und Auferstehung,
die für des Apostels ideale Schätzung nicht sekundäre, sondern prin=
cipale Momente sind, nothwendig zur Ergänzung und Vervollkomm=
nung des Bildes Christi beitragen müssen, wenn man jene That=
sachen in ihren Consequenzen weiter verfolgt und denkend durchbringt.
Das Christum nach dem Fleische Kennen, an und für sich nichts
weniger als etwas verwerfliches, ja vielmehr etwas durchaus unver=
fängliches, da es ja ein geschichtlich=thatsächliches Moment der gött=
lichen Heilsökonomie zum Gegenstande hat, wird für das Bewußt=
sein des Apostels nur dann ein derartiges, dem er in der Erregtheit
der polemischen Sprache als einem antiquirten eine Stelle in der Ver=
gangenheit anweist, wenn es in dem Sinne und der Tendenz Anderer
dazu dienen soll, dem Fortschritte des Gnaden= und Freiheits=Evan=
geliums einen Damm entgegenzuwerfen, von welcher Taktik der
judaistischen Gegner wir weiter unten noch ein Näheres aus dem
Briefe des Apostels selbst erfahren werden.

Ist diese von uns aufgestellte Erklärung des Paulus über seine
Kenntniß Christi nach dem Fleische die richtige, so wird ihre innere
Angemessenheit nur noch deutlicher hervortreten, wenn wir zum
Schluß noch mit einem Worte aufzeigen, wie allein sie dem Zu=
sammenhange der ganzen Stelle vollkommen entspricht. Wir werden
nemlich zunächst noch beweisen müssen, daß κατὰ σάρκα in dem von
uns gedeuteten Sinne sich auch in dem Satze verstehen läßt, in

---

*) Obgleich der Zusammenhang, in dem sich diese Aeußerungen finden,
mißverständliche Auffassungen ausschließt.

welchem Paulus von sich behauptet, daß er von jetzt von Niemandem wisse κατὰ σάρκα. Folgt hieraus, daß seine Gegner gewisse Menschen κατὰ σάρκα kennen, so können unter diesen nur die ursprünglichen Apostel Jesu verstanden werden. Mit diesen in einem engen und intimen Lebensverkehr zu stehen, war für die judaistischen Widersacher des Paulus ein Gegenstand, dessen sie sich als einer für sie bedeutungsvollen Thatsache jenem gegenüber rühmen zu können meinten. Allein Paulus denkt hierüber keineswegs so günstig wie seine Gegner. Waren für diese die Urapostel deßhalb Persönlichkeiten von so hoher Geltung und Bedeutung, weil sie Israeliten oder Hebräer von reiner Abkunft, nicht etwa in außerpaläftinensischen Gebieten geborene und demzufolge hellenistisch gefärbte Juden, sich eng an das mosaische Gesetz anschließende Messiasgläubige, in direktem historischen Zusammenhange mit dem κατὰ σάρκα gekannten Christus stehende, von diesem erwählte Apostel waren: so fällt Alles dieses rein an sich für Paulus ebenso unter die Kategorie der σάρξ, als das, was er mit der σάρξ Christi verbunden denkt. Die Urapostel Christi, sofern sie nichts anderes sind, als was seine Gegner an ihnen rühmend hervorheben und preisen, sofern sie nicht mit Christo gestorbene, d. h. ihrer σάρξ und allen damit verbundenen nationalen, legalen, partikularen Schranken enthoben sind, kennt Paulus nicht mehr, d. h. er erkennt deren Auctorität, wenn sie ihm von seinen Widersachern als eine solche entgegengehalten wird, unter welchen er sich zu beugen, ja vor der seine eigene apostolische Diakonie als eine illegitime hinfällig werden müsse, nicht mehr an. Es ist klar, daß Paulus hier nicht behauptet, er wolle die schon vor ihm vorhandenen Apostel nicht mehr kennen, keinen socialen Lebensverkehr, wie er früher gethan hatte (Gal. 1, 18. 19; 2, 1 ff.), mit ihnen pflegen. Nur das ist es, was sich aus seinen Worten folgern läßt, daß die früheren Apostel, nach dem Maaßstabe seiner Gegner gemessen, Personen sind, die für das neue Bewußtsein des Paulus nicht als gewichtige Autoritäten in Betracht kommen könnten. Der Apostel sagt hier also im Wesentlichen das nemliche, was er Gal. 2, 6 so ausdrückt: ὁποῖοί ποτε ἦσαν, οὐδέν μοι διαφέρει, πρόσωπον θεὸς ἀνθρώπου οὐ λαμβάνει. Da für Paulus τὰ ἀρχαῖα παρῆλθεν, so darf ein vergangenes und antiquirtes Moment nicht zur Hauptgrundlage gemacht werden, auf welchem die Schätzung der Säulenapostel basirt wird. Ueber das, was die Urapostel nach dem eigenen Urtheil des Paulus jetzt sind, welcher innere Werth ihnen beizumessen sei, darüber spricht sich dieser an beiden Orten gar nicht aus. Nur daß das, als was jene in den Augen seiner judaistischen Gegner gelten, wozu sie von diesen ge= stempelt werden, wie sie von diesen angesehen werden, für den Pau= lus nicht mehr in's Gewicht falle, vor Gott keinen objektiven ewig= gültigen Werth habe, ist von diesem kenntlich genug angedeutet. Ist aber der Maaßstab, den seine Gegner handhaben, um barnach zu entscheiden, wer wahrer unb wer falscher Apostel sei, ein irrthüm= licher, fleischlicher, antiquirter, so zeigt Paulus 2 Kor. 5, 17 ff. an seiner eigenen Person, worauf das Apostolat als dem allein echten unb wahren Fundamente sich gründe. Paulus hat von sich das Bewußtsein, Apostel Christi zu sein, weil Gott ihm, — nicht etwa bloß auf Grunb seines κατὰ σάρκα Christum Kennens, — sonbern seines Versöhntseins durch den Gekreuzigten, seiner Lebensgemein= schaft mit dem gestorbenen und auferstandenen Gottessohne, in Folge beren er eine ganz neue Kreatur ist, die Diakonie der Versöhnung anvertraut hat. Nicht auf das Band äußerer Bekanntschaft mit bem irbisch=nationalen Christus, sondern auf einen unmittelbaren göttlichen Gnadenakt führt er seine Bestallung als Botschafter für Christus zurück. Enblich ist auch der Dienst, den er zu leisten hat, bem Christus, wie er ihn principiell jetzt kennt, durchaus conform. Es ist nicht die Handhabung der verdammenden unb töbtenden Satzung (γράμμα), die seine Gegner aus ihrer Christologie für bas Apostolat unb bie Diakonie, die sie als bie allein normale gelten lassen wollten, bebucirten, sonbern die Aufforderung, sich im Glauben an ben zur Sünde Gemachten mit Gott versöhnen zu lassen, in biesem unb nicht im Fleisch, in Werken ihre Gerechtigkeit zu finden.

Hiemit hat Paulus seine Aufgabe gelöst, er hat den Maaßstab der sich ἐν προσώπῳ Rühmenden zerbrochen, unb er hat ben Lesern eine ἀφορμή gegeben καυχήματος ὑπὲρ ἡμῶν (cf. V. 12). Unb zwar nicht in seiner Eigenschaft als Ekstatischer, sondern als σω- φρονῶν hat Paulus aufgezeigt, inwiefern er auf den Namen unb die Würde eines Apostels Anspruch habe. Denn sein Rühmen ist im Unterschiebe von bem seiner Gegner ein ἐν κυρίῳ καυχᾶσθαι (cf. 1 Kor. 1, 31; Ier. 9, 23) gewesen. Er hat auf Alles das Verzicht geleistet, was mit der σάρξ des Menschen zusammenhängt, auf das, was mit der bloß natürlichen Geburt gegeben ist, was lebiglich als Nachwirkung rein äußerlicher Verhältnisse und Umstände anzusehen ist, und rein als solches den Werth desselben zu erhöhen nicht geeignet sein kann; dagegen allein Gewicht gelegt auf das, was Gott durch unmittelbare Gnadenthat an ihm bewirkt, wozu Er ihn umgeschaffen habe, um das leisten zu können, was Seinem Willen gemäß ist. Und auf nichts Anderem, als diesem von Gott selbst Bewirktem beruht sein Apostolat, darauf gründet es sich aber auch als auf dem festesten und sichersten Fundamente, welches überhaupt nur denkbar ist.

Die von uns angestellte ausführliche Untersuchung über die zweite Hälfte des fünften Capitels des zweiten Korintherbriefes ist für unseren Zweck, den Charakter der judaistischen Gegner des Apostels näher kennen zu lernen, namentlich den dogmatischen Hintergrund zu ermitteln, auf den ihre oppositionelle Taktik gegen Paulus zurückzuführen sein wird, nicht ohne bedeutsame Resultate geblieben. Alles, was sich aus einer streng grammatisch-historischen Deutung der gewichtigsten Aeußerungen jenes ergeben hat, kann nur dazu dienen, das bisher schon gewonnene Bild seiner Widersacher um einige erhebliche Züge zu vervollständigen und unser schon früher ausgesprochenes Urtheil zu bestätigen, daß die Haltung und das Verfahren dieser Leute keineswegs aus rein subjektiv-persönlichen Motiven hergeleitet werden dürfe, sondern sich mit einer gewissen Nothwendigkeit aus ihren religiös-sittlichen Ueberzeugungen ableiten lasse. Zwei Hauptpunkte nun sind es, auf welche sich dem zuletzt Erörterten zufolge der Standpunkt der Paulinischen Gegner wird zurückführen lassen. Der eine ist der, daß dieselben, — mit welchem Rechte oder Unrechte mag hier vor der Hand dahingestellt bleiben, — an den Jerusalemitischen Uraposteln einen Anhalt oder Rückhalt zu haben sich bewußt sind. Denn nur in diesem Falle hat ihr sich Brüsten mit der Bekanntschaft derselben einen Sinn. Durch die bloße persönliche Berührung, in welche sie mit den Uraposteln gekommen waren, hatten sie noch nichts vor Paulus voraus, bei dem ja derselbe Fall Statt gefunden hatte. Sie müssen daher diese Bekanntschaft als eine intimere, auf innere Gesinnungsgemeinschaft in allen Hauptpunkten gegründete, namentlich mit Approbation ihrer religiösen Stellung seitens der allein legitimen Apostel verbundene dargestellt haben. Erwägen wir nun, welcher Werth in der Jerusalemitischen Urgemeinde auf die unmittelbare Nachfolge Jesu in den Tagen seines Fleisches gelegt wurde, indem man das Apostelcollegium nur aus der Zahl derjenigen zu ergänzen sich getraute,

von denen man ein συνελθεῖν ἡμῖν (mit den von Jesu erwählten
Aposteln) ἐν παντὶ χρόνῳ, ἐν ᾧ εἰςῆλθε καὶ ἐξῆλθε ἐφ᾽ ἡμᾶς
ὁ κύριος Ἰησοῦς, ἀρξάμενος ἀπὸ τοῦ βαπτίσματος Ἰωάννου
ἕως τῆς ἡμέρας ᾗ ἀνελήφθη ἀφ᾽ ἡμῶν (Act. 1, 21—22) nachweisen konnte: so versteht man, was Alles nach dem Bewußtsein
der Gegner des Paulus diesem mangelte, um sich als einen wahren
Apostel legitimiren zu können, ihnen selbst dagegen eigne, die sie
durch einen langjährigen stetigen Umgang mit jenen einzig normalen
Trägern der christlichen Tradition stünden, und durch eine eingehende
Unterweisung in dieser und in deren gesammte religiös-sittliche
Lebenspraxis selbst zu echten und normalen Dienern Christi vor-
bereitet und ausgebildet seien. Mit diesem Punkte hängt denn nun
der andere auf's engste und unzertrennlichste zusammen; das heißt
das Bewußtsein der nemlichen, von Christus, von seiner ursprünglichen Lehre, von seiner Selbstdarstellung im Leben und Wandel,
eine sichere, treue, zuverlässige Kunde zu haben; sei es nun durch
das Mittelglied der Urapostel, sei es durch eigenen persönlichen Umgang mit dem Herrn selbst. (Denn beides läßt der Ausdruck, den
Paulus von dieser Bekanntschaft gebraucht, wie nachgewiesen, zu,
und ein Grund, lediglich an das letztere zu denken, liegt für uns
nicht vor.) Und zwar ist das weiter noch die Consequenz ihrer
historischen Kunde von Christus, daß sie diesen durchaus in der
Form, in dem Habitus, in den Grenzen festhalten zu müssen gedachten, wie er sich in den Tagen seines Fleisches der äußerlichen
Anschauung dargeboten hatte. Christus war ihnen sicher nur natio-
nal-jüdischer Prophet auf der einen, und eschatologischer Machts-
Messias auf der anderen Seite. In der letzteren Eigenschaft sollte
er alle die Hoffnungen und Erwartungen in reale Erfüllung setzen,
welche ein judaistisches Bewußtsein von dem Alttestamentlichen Messias auf Jesus als den Christ übertrug. Bis dahin, bis zur Parusie,
existirte für diese christologische Anschauung nur der durch göttliche
Wunder beglaubigte Mann, der sich Israel durch sinnvolle Deutung
des Gesetzes, durch vollkommene Normalität seines legalen Wandels
als den höchsten Propheten bewährte, und innerhalb des alten Ver-
heißungsvolkes die vorbereitenden bahnbrechenden Einleitungen zu
der nahe bevorstehenden Errichtung des Herrlichkeitreiches traf.
Der Tod Christi kann auf diesem Standpunkte der Anschauung kein
irgend welches gewichtiges Moment ihrer Christologie gebildet haben.
Nur insoweit dürfen wir ihm eine Bedeutung für das judaistische

Bewußtfein beimeffen, als er für Chriftus der Durchgangspunkt
von seiner irdischen zur himmlischen Existenzweise wurde, in welcher
letzteren diefer erst zu dem Befitze von äußerer Macht und Herr=
lichkeit gelangte, in welchem er allein befähigt war, ziemlich finnlich=
realiftifch gedachte Meffiashoffnungen zu erfüllen. Selbst die rein
hiftorische Frage, wie Jesus als der bloß normal nationale und legale
Gesetzeslehrer ein Opfer des pharifäischen Haffes habe werden können,
scheinen diefe Judaiften sich nicht vorgelegt zu haben, noch weniger
zu einer Antwort darauf gelangt zu sein, die ihr äußerliches und
enggefaßtes Chriftusbild hätte erweitern und verinnerlichen können.
Weit entfernt, daß sie von dem etwas zuzugeftehen sich veranlaßt
fühlen konnten, was die pneumatische Gnofis des Paulus Alles aus
diefem Tode für Chriftus selbft und für die mit seinem Tode Zu=
fammengewachsenen als Folgerungen zog.

Dies Alles in Betracht gezogen, wird uns klar, wie Paulus
diefe Leute nicht undeutlich zu denen rechnen konnte, auf deren Herzen
die Decke Mofis lag, in Folge deffen sie den Herrn nicht als den
Geift, mit welchem Freiheit von gesetzlichem Wesen verbunden ist,
erkannten (2 Kor. 3, 15—17), auf seinem Antlitz nicht die δόξα
Gottes abgefpiegelt sahen, mit welcher Klarheit und lichtvolle Dar=
legung der Wahrheit verknüpft ist (Ebend. 3, 18; 4, 4—6), sondern
zu dem Mittel greifen mußten, Anderen die nemliche Decke überzu=
werfen, die ihr eigenes Bewußtfein trübte, und hiedurch das Wort
Gottes verfälfchten (4, 2).

Gab uns schon der erfte Theil des zweiten Korintherbriefes
nicht unerhebliche Anhaltspunkte an die Hand, aus denen wir zu
erfchließen im Stande waren, wie weit nicht bloß perfönliche
Gefpanntheit zwischen Paulus und seinen Gegnern in Korinth Statt
gefunden habe, sondern auch die Lehrart der letzteren von der jenes
principiell gefchieden gewesen sei, und wie Paulus von seinem Stand=
punkte aus mit vollem Recht den Judaiften ein Verfälfchen des
Wortes Gottes (4, 2; 2, 17) vorwerfen konnte: so wird eine genaue
Erörterung der vorzugsweise einfchlagenden Stellen des direkt gegen
die Widerfacher gerichteten Abfchnittes deffelben Briefes (Cap. 10—12)
das gewonnene Refultat nur noch sicherer begründen und ausreichen=
der beftätigen.

Es ist zunächst nicht ohne Wichtigkeit, wenn Paulus die Pofition
seiner Gegner hier bildlich als ὀχυρώματα, als ein ὕψωμα ἐπαιρό-
μενον κατὰ τῆς γνώσεως τοῦ θεοῦ bezeichnet (Cap. 10, 4. 5).

Indem hieburch dem gegnerischen Standpunkte eine nicht zu unter-
schätzende Festigkeit und Widerstandsfähigkeit beigemessen wird, indem
er als ein zur Bekämpfung der „Erkenntniß Gottes" aufgerichteter
hoher Wall erscheint: so würde doch offenbar eine sehr schwülstige
Redeweise vorliegen, wenn der Apostel hiebei bloß die rein persönlichen Machinationen seiner Widersacher im Auge gehabt hätte. Wie
treffend dagegen ist mit diesen Ausdrücken die Stellung der Gegner
charakterisirt, wenn ihre Bollwerke die alten Mauern des jüdischen
Gesetzeswesens waren, aus welchen sie innerhalb einer so überwiegend
heidenchristlichen Gemeinde ein gefahrdrohendes Werk zur Belagerung
und Zerstörung des von Paulus aufgerichteten Tempels, in welchem
der Geist und die Freiheit des Herrn wohnten, aufgeführt hatten!
Daß diese aufgethürmten Angriffswerke nicht bloß gegen die Person
des Paulus gerichtet waren, geht ja deutlich genug daraus hervor,
daß er selbst sie als sich erhebend gegen die „Erkenntniß Gottes"
bezeichnet. Mit demselben Ausdrucke ($\gamma\nu\tilde{\omega}\sigma\iota\varsigma$ $\tauο\tilde{\upsilon}$ $\vartheta\varepsilon\tilde{ο}\tilde{\upsilon}$) hatte er
(Cap. 2, 14; vergl. 4, 6) nichts anderes als das Evangelium, wie
Gott es durch ihn, den Apostel, überall kundmache, im Gegensatze
zu den $\varkappa\alpha\pi\eta\lambda\varepsilon\acute{\upsilon}ο\nu\tau\varepsilon\varsigma$ $\tauὸ\nu$ $\lambdaό\gammaο\nu$ $\tauο\tilde{\upsilon}$ $\vartheta\varepsilonο\tilde{\upsilon}$ (2, 17) bezeichnet.
Wir dürfen also mit Fug und Recht schließen, daß P. seinen Wider-
sachern ein aggressives Vordringen gegen seine eigenthümliche
Lehrart beimißt, was denn doch mit Sicherheit auf einen abweichenden dogmatischen Standpunkt bei ihnen schließen läßt.
Wenn P. ferner die Angriffswaffen seiner Widersacher als $\lambdaο\gamma\iota\sigmaμοί$
bezeichnet (10, 5): so ist dieser Ausdruck freilich an sich zu unbe-
stimmt, als daß sich etwas Genaueres über den Inhalt dieser aus-
mitteln ließe: allein da der Apostel $\pi\tilde{\alpha}\nu$ $\nuό\etaμα$ (ohne Zweifel
synonym mit $\lambdaο\gamma\iota\sigmaμοί$) der Gegner unter den Gehorsam gegen
Christus, — nicht gegen den Apostel selbst, gefangen zu nehmen
hofft: so scheint doch die Folgerung sicher erlaubt zu sein, daß die
Gedanken, Vernunftschlüsse oder dialektischen Argumente auch wider
den von Paulus verkündeten Christus (vergl. 2 Kor. 1, 19)
gerichtet gewesen seien.

Dieser schon an sich sehr wahrscheinliche Schluß gewinnt noch
an Bündigkeit, wenn wir Cap. 10, 7 näher in Betracht ziehen.
Mit Rücksicht auf den noch nicht ganz wiederhergestellten Gehorsam
der Leser gegen Christus (V. 6) sagt dort Paulus: $Tὰ$ $\varkappa\alphaτὰ$
$\pi\rhoό\sigma\omegaπο\nu$ $\beta\lambdaέ\pi\varepsilon\tau\varepsilon$; diese Worte (gewiß am besten als eine vor-
wurfsvolle Frage an die Gemeinde anzusehen) lassen schließen, daß

manche Leser nur zu sehr geneigt waren, auf äußere Dinge, auf
Alles das, was wir oben von Paulus unter die Kategorie der σάρξ
zusammengefaßt fanden, ihr Augenmerk zu richten und ein unver=
hältnißmäßiges, ungebührendes Gewicht zu legen. (Ueber πρόσωπον-
vergl. II, 5, 12. 16; 11, 18. 22; Gal. 2, 6.) Doch wir sehen
sofort noch näher, was von gewissen Leuten den Lesern gegenüber
als λογισμοί benutzt wurden, um ihren Aeußerlichkeitssinn zu be=
stechen und sie zum Ungehorsam gegen den von Paulus verkündeten
Christus zu verleiten. Denn der Apostel fährt fort: Εἴ τις πέποιϑεν
ἑαυτῷ Χριστοῦ εἶναι, τοῦτο λογιζέσϑω πάλιν ἀφ᾽ ἑαυτοῦ,
ὅτι καϑὼς αὐτὸς Χριστοῦ, οὕτω καὶ ἡμεῖς.

Aus diesen Worten geht hervor, daß Gewisse das anmaßliche
Vertrauen zu sich selber besaßen, in einem besonderen Sinne Christo
anzugehören und zwar in einem solchen, den sie Paulus nicht zuge=
standen, da dieser sich veranlaßt sieht, ebenfalls seinerseits sich ein
Angehörigkeitsverhältniß zu Christo zu vindiciren. In welchem Ver=
stande aber konnten sich die Gegner des Paulus eine Gemeinschaft
mit Christo zuschreiben, die sie ihm nicht zugestehen wollten? Gewiß
doch in keinem anderen als in dem, daß sie geltend machten, sie
seien ebenso echte Hebräer, wie es Christus gewesen sei, sie ständen,
sei es durch direkte persönliche Bekanntschaft, oder wenigstens durch
Andere, die in der Nachfolge Jesu während dessen Lebens auf Erden
gewesen seien, mit Christo in geschichtlich vermitteltem Zusammen=
hange, sie befolgten deßhalb ebenso wie ihr vorbildlicher Meister,
der das Gesetz nicht aufgehoben habe, dieses Gesetz, sie seien auch
darin echte Jünger Christi, daß sie das Heil nur für diejenigen be=
stimmt ansähen, welchen es ursprünglich ihrer abrahamitischen Ab=
kunft wegen bestimmt sei, und nur Solchen aus der Heidenwelt, die
mit dem Glauben an Christus zugleich den Dienst des Gesetzes über=
nähmen. Durch Alles dies gehörten sie nach ihrer Ansicht (εἴ τις
πέποιϑεν ἑαυτῷ) Christus in der That und Wahrheit an, während
Paulus, als in Tarsus geboren, kein echter Hebräer sei, mit Christus
weder persönlich, noch durch Andere in einem Verhältniß der Ge=
meinschaft gestanden habe, keine sichere traditionelle Kunde von der
Lehre und Lebensweise Christi besitze, willkührlich das Gesetz und
die Beschneidung abschaffe, über deren Abolirung Christus nichts
habe verlauten lassen, und die Heiden in hellen Haufen ohne Garantie
gegen ihre natürlichen Sünden und Laster in die messianische Ge=
meinschaft aufnehme. Bestand nach der Meinung der Gegner des

Apostels ihre Gemeinschaft mit Christo in diesem Angehörigkeitsverhältniß zu dem Christus, wie dieser sich in seiner äußeren Erscheinung κατὰ σάρκα oder κατὰ πρόσωπον darstellte, — welcher
Art kann nun dasjenige Zugehörigkeitsverhältniß zu Christo sein,
welches Paulus auch für sich in Anspruch nimmt? Es kann kein
anderes sein, als das geistige, zu Cap. 5, 15 ff. hinlänglich besprochene, in Folge dessen Paulus in der engsten mystischen Gemeinschaft mit dem gestorbenen und auferstandenen Christus stand,
dasjenige, von welchem der Apostel Röm. 8, 9 sagt: εἰ δέ τις
πνεῦμα Χριστοῦ οὐκ ἔχει, οὗτος οὐκ ἔστι αὐτοῦ. Dieser
geistig vermittelten Gemeinschaft mit dem gekreuzigten und verklärten Christus gewiß, hatte jenes äußerliche Zugehörigkeitsverhältniß, welches seine Gegner in Beziehung auf Christum für
sich in Anspruch nahmen, jede Bedeutung für ihn verloren. Wie
viel höher Paulus sein Χριστοῦ εἶναι als das der Gegner schätzt,
geht sofort aus V. 8 hervor. Hier begründet er sein Christo Angehören damit, daß, falls er sich auch in Betreff seiner apostolischen
Machtbefugniß, welche ihm Gott gegeben habe, noch mehr rühmen
sollte (als er dies bereits von V. 2—6 gethan habe), so werde er
nicht zu Schanden werden. Es ist also das Gefühl der Su-
periorität, aus welchem Paulus hier spricht. Er hat die feste Zuversicht zu seiner geistigen Gemeinschaft mit Christus, daß er kraft
derselben im Stande sein werde, Menschen, welche auf ihr äußerliches Christo Angehören pochen, zum Gehorsam unter Christus,
dessen Auctorität sie sich nach der Ueberzeugung des Apostels entzogen haben, zurückzubringen, nachdem er die aufgethürmten Bollwerke ihrer Dialektik, mit der sie das national-jüdische Gesetz und
den national-jüdischen Christus der Gemeinde aufzubringen versuchen,
niedergerissen haben werde (cf. 13, 3. 4. 10).

Doch wir nähern uns nunmehr einer Stelle, welche von ent-
scheidender Bedeutung für die Lösung der Frage ist, ob wir die judaistischen Gegner des Apostels Paulus lediglich als bloße Prahler
und Ränkeschmiede ohne alle dogmatische Irrlehre zu denken haben,
oder ob sich unsere bisherige aus der Polemik des zweiten Korintherbriefes genommene Ueberzeugung, daß ihre gesammte christologische
und soteriologische Anschauung eine von der paulinischen grund-
verschiedene gewesen sei. Mit der größten Zuversicht beruft sich
Dr. Beyschlag für seine Ansicht auf 2 Kor. 11, 4. Paulus sagt
hier: Εἰ μὲν γὰρ ὁ ἐρχόμενος ἄλλον Ἰησοῦν κηρύσσει ὃν οὐκ

ἐκηρύξαμεν, ἢ πνεῦμα λαμβάνετε ὃ οὐκ ἐλάβετε, ἢ εὐαγγέλιον ἕτερον ὃ οὐκ ἐδέξασθε, καλῶς ἀνείχεσθε. Beyſchlag findet in dieſen Worten nicht vom Paulus ausgeſprochen: Andere nach Korinth gekommene Lehrer hätten etwas Anderes (und Schlechteres) als er gebracht, ſondern vielmehr: Andere hätten nichts Anderes (und Beſſeres), als er zu bringen vermocht. Der Sinn der citirten Worte ſei der: „Ja, wenn einer kommt und bringt einen anderen Jeſus, den wir euch nicht zu bringen vermocht, oder wenn ihr (durch den ἐρχόμενος) einen Geiſt empfanget, den ihr (durch meine Ver= mittelung) noch nicht empfangen, oder ein anderes Evangelium, das ihr (noch) nicht empfangen habt, dann thätet ihr wohl, auch das, — oder beſſer euch den, der euch das brächte, τὸν ἐρχόμενον (sc. bei allen ſeinen Anmaaßungen, 11, 20) gefallen zu laſſen.“ Hieraus ſoll ſich denn ergeben, daß jene Gegner zwar ſich anſtellten, als brächten ſie erſt den Korinthern den echten Jeſus, den wahren h. Geiſt und das wahre Evangelium, und als wäre Alles, was Paulus ſchon ge= bracht, ſo gut wie nichts, daß ſie aber in Wahrheit nichts bringen konnten und brachten, was Paulus, den „übergroßen Apoſteln“ in nichts nachſtehend, nicht ſchon zuvor gebracht. Sie brachten alſo auch, wie ſich aus dem Fehlen aller ſachlichen lehrhaften Polemik gegen ſie ergiebt, keine Irrlehre vor.

Soweit Dr. Beyſchlag. Wir geſtehen, dieſe Ausführung gleich anfangs nicht ohne Staunen geleſen zu haben. Leute, welche Paulus als ψευδαπόστολοι, ἐργάται, δόλιοι, μετασχηματιζόμενοι εἰς ἀποστόλους Χριστοῦ (11, 13), als Diener des Satans bezeichnet, welche ſich nach der Weiſe deſſelben in Diener der Gerechtigkeit um= wandeln (11, 14—15), denen Paulus ausdrücklich eine Verfälſchung des Wortes Gottes zuſchreibt (4, 2; 2, 17), die ſich gegen die Erkenntniß Gottes erheben (10, 5): ſollen von einer ſo überraſchend regelrechten Rechtgläubigkeit geweſen ſein, daß ſie nach Korinth nichts Geringeres zu bringen im Stande waren, als denſelben Chriſtus, denſelben Geiſt und daſſelbe Evangelium, welches Paulus daſelbſt verkündet und welches urſprünglich von der dortigen Ge= meinde angenommen war. Um dies für möglich zu halten, dazu gehört in der That ein ſo hoher Grad von Voreingenommenheit, daß wir offen bekennen, den ganz entgegengeſetzten Eindruck von der Orthodoxie der judaiſtiſchen Gegner des Apoſtels bekommen zu haben. Doch entſchlagen wir uns vor der Hand aller ſubjektiven Stim= mungen, vergeſſen wir Alles, was ſich uns außer dem rein That=

jächlichen über die religiöse Denkweise der korinthischen Widersacher des Paulus ergeben hat, um die in Rede stehende Stelle des 11. Capitels einer möglichst unbefangenen Prüfung zu unterwerfen.

Der Apostel bittet 11, 1 die Leser, ein wenig Unverstand (ἀφροσύνη) von ihm zu ertragen. Aber, — sagt er, sich selber der Gewährung dieser Bitte getröstend, — ihr ertragt mich ja auch. Grund zu der ihm bewiesenen Nachsicht hätten sie deßhalb, weil er, der Apostel, mit göttlichem Eifer um sie eifere. Er habe sie nemlich einem Manne verlobt, um eine reine Jungfrau Christo (bei der Parusie) darzustellen. P. stellt sich also in der Rolle eines Brautwerbers dar, der die korinthische Gemeinde mit Christo als ihrem einzigen Bräutigam verlobt hat, und dessen eifriges Bemühen im Weiteren dahin geht, die bräutliche Gemeinde einst im intakten Zustande bei der Wiederkunft Christi diesem zum messianischen Hochzeitsfeste zuführen zu können. Aber der Apostel ist in Betreff der jungfräulichen Reinheit der Gemeinde keineswegs ohne Besorgniß. Er fürchtet nemlich (wie er V. 3 sagt), daß, wie einst die paradiesische Schlange durch ihre Arglist (πανουργία, cf. 4, 2) die Eva betrogen habe, so auch die Gedanken der Leser verdorben werden und abgelenkt von ihrer einfältigen Treue gegen Christum (... οὕτω φθαρῇ τὰ νοήματα ὑμῶν ἀπὸ τῆς ἁπλότητος τῆς εἰς τὸν Χριστόν). Da der eigentliche Verführer der Eva der Teufel ist, welcher sich der Schlange als Organs bedient, die Gegner des Apostels aber als Diener des Teufels angesehen werden (11, 15): so ist klar, wie der Vergleich, den Paulus hier macht, gemeint ist. Der Apostel hat die Besorgniß, daß seine judaistischen Widersacher, welche auf Antrieb des Teufels durch ihre Arglist darauf hinwirken, die Gedanken der Leser abzuziehen von ihrer ἁπλότης gegen Christum, bei diesen ihren Zweck erreichen möchten. Man sollte meinen, zu dieser Besorgniß müßte Paulus doch keinen Grund haben, wenn seine Gegner in allen Punkten vollkommen dogmatisch mit ihm übereinstimmten. Wäre dies wirklich der Fall gewesen: so hätte Paulus doch nichts anderes fürchten können, als daß seine Widersacher die Herzen mancher Gemeindeglieder von der Liebe und anhänglichen Treue gegen ihn, den Apostel, würden abwendig machen können. Wo es sich aber um die einfältige Treue einer bräutlichen Gemeinde gegen den einen ihr verlobten Bräutigam Christus handelt, und der Apostel diese durch den πανουργία der Gegner in Frage gestellt sieht, da liegt denn doch sicher nichts näher, als daß er den Glauben der

Leser im fundamentalsten Artikel für gefährdet hält, und daß demgemäß die Verführer selbst schwerlich in der Christologie dogmatisch so ungefährlich waren, wie Dr. Beyschlag glaubt. Es ist doch wohl kaum ein ungegründeter Argwohn unsererseits, wenn wir ad vocem πανουργία an Cap. 4, 2 zurückdenken, wo unverkennbar das περιπατεῖν ἐν πανουργίᾳ, unmittelbar verbunden mit δολοῦν τὸν λόγον τοῦ ϑεοῦ, nicht ohne Rücksicht auf die „Decke Mosis" von den Gegnern prädicirt war, und wenn wir uns demgemäß den Modus der verführenden Einwirkung jener auf die Gemeinde so vorstellen, daß ihr vorgespiegelt wurde, sie sei (um im paulinischen Bilde zu bleiben) zwei Männern verlobt, Christus und Moses, — der neue Glaube an Christus entbinde sie nicht von der alten Treue gegen das Gesetz und die von ihm verlangten Werke. War dies der Fall, so konnte Paulus seine Befürchtung gar nicht treffender ausdrücken, als wie er dies in seinen Worten gethan hat, man beachte nur, wie ἁπλότης (die einfältige, unbedingte Glaubenstreue) zurückweist auf ἑνὶ ἀνδρί.

Doch treten wir nach diesen Vorbedingungen, die uns zu der dogmatischen Orthodoxie der Gegner Pauli allerdings kein großes Vertrauen einflößen können, zu B. 4 selbst über. Wir haben es hier, wie vor Augen liegt, mit einer grammatischen Anomalie zu thun, indem sich uns ein Bedingungssatz darstellt, der im Vordergliede durch εἰ mit folgendem Indicativ Präs. eingeleitet ist, auf welches ein Nachsatz im Imperfektum ohne ἄν folgt (εἰ κηρύσσει — ἀνείχεσϑε, nur Cod. B. hat ἀνέχεσϑε). Bekanntlich setzt εἰ c. praes. indic. einen thatsächlichen Fall: „denn wenn freilich der Ankommende einen anderen Jesus verkündigt, den wir nicht verkündigt haben, oder ihr einen anderen Geist empfanget, den ihr nicht empfangen habt, oder ein andersartiges Evangelium, welches ihr nicht angenommen habt".... Was ist an der Thatsächlichkeit dieses Falles im Geringsten Unwahrscheinliches? Daß die Hauptwortführer der antipaulinischen Partei von Auswärts nach Korinth gekommen waren, wissen wir bereits aus 3, 1. Warum konnten sie nicht einen Jesus verkündigen, den Paulus nicht verkündigt hatte? Paulus sagt ja keineswegs, daß sie ein anderes historisches Individuum als den Christ verkündigten, sondern daß sie einen anderen Jesus predigten, welchen einst Paulus (sammt Silvanus und Timotheus, cf. 1, 19) nicht verkündigt hatte. Inwiefern war nun aber der Jesus der Pseudoapostel ein anderer als der des Paulus? Wenn

Paulus 1 Kor. 2, 2 von seiner ersten Predigt in Korinth sagt: ihr einziger Inhalt sei Jesus Christus, und dieser als der Ge=kreuzigte gewesen, so sehen wir ja deutlich genug, unter welcher speciellen Kategorie er Jesum verkündigt hatte. Wenn nun dagegen die Häupter der Judaisten einen Jesus der Gemeinde vorstellten, bei welchem der Kreuzestod desselben so vollständig als heilsbegrün=bend zurückgestellt wurde, wie dies in einigen Lehrvorträgen, welche die Apostelgeschichte mittheilt, geschieht, in denen Jesus (nicht wie nach Paulus wegen, sondern) trotz seines Todes der Messias ist, wenn sie ferner vor Allem Jesum als den Davidssohn, als durchaus conservativen Mann des Gesetzes, als das Ideal jüdisch=legaler Frömmigkeit schilderten: so war doch wahrlich dieser ihr Jesus, den sie von der Gemeinde angenommen wissen wollten, ein von dem von Paulus geprebigten gekreuzigten und auferstandenen Gottessohn so verschiedener, daß jener ihn als einen ἄλλος Ἰησοῦς, ὃν οὐκ ἐκηρύξαμεν bezeichnen konnte. Hiebei hat man sich nun dessen wohl zu erinnern, daß, wenn auch der paulinische Jesus geboren wurde ὑπὸ νόμον (Gal. 4, 4), er doch durch seinen Tod von diesem Gesetzverbande vollkommen losgelöst wurde, in Folge dessen auch alle mystisch mit Christo Gestorbenen gleichfalls dem Gesetze getödtet sind (cf. Röm. 7, 1—4). Wie nun so der von Paulus verkündete Christus eben als der (principiell) gekreuzigte das Ende des Gesetzes ist (Röm. 10, 4), so konnten Judaisten, — wenn man nur eine mäßige Folgerichtigkeit ihres Denkens (λογισμοί) vor=aussetzt, — diese paulinischen Consequenzen in Beziehung auf Jesus unmöglich zugestehen. Wollten sie überhaupt die Gültigkeit des mosaischen Gesetzes auch für die Christen festhalten, so können sie, wenn man auch nur eine ungefähr angemessene Beziehung zwischen ihrer Soteriologie und Christologie annehmen will, auf die Bedeu=tung des Kreuzestodes Jesu unmöglich das Gewicht legen, welches Paulus darauf legen mußte, um von den Gläubigen das Joch des Gesetzes fern zu halten. Leugneten nun aber die Pseudoapostel die Consequenzen, welche die pneumatische Gnosis des Apostels Paulus aus den an sich für beide Theile feststehenden Thatsachen des Kreuzes und der Auferstehung Jesu zogen, verwiesen sie die Leser auf den Jesus, wie er sich, ihrer sarkischen Anschauung gemäß, auf Erden in seinem äußeren Habitus dargestellt hatte, gestanden sie ferner nicht zu, daß die gesetzliche Lebensweise Jesu herablassende Accommodation an Schwache gewesen sei, welche Paulus von Jesus

als einem „Diener der Beschneidung" statuirte (cf. Röm. 15, 7. 8;
14, 1 ff.), machten sie vielmehr geltend, daß Jesus aus voller Ueber=
zeugung kein Häkchen des Gesetzes unerfüllt gelassen und Nie=
manden auf alle Zeiten hin von dem geringsten seiner Gebote dispen=
sirt habe, wollten sie endlich, daß alle Gläubigen diesen Jesus schlech=
terdings sich zum Muster nähmen, indem sie nur durch eine der
seinigen gleiche normale Legalität ihm wahrhaft angehören könnten:
so haben wir nichts behauptet, was den judaistischen Pseudoaposteln
nicht vollkommen angemessen, und was geeigneter gewesen wäre, die
Korinther von der ἁπλότης gegen den Christus, den Paulus ihnen
verkündet habe, abzubringen. Mit einem Wort: der Fall, den
Paulus hier mit εἰ — κηρύσσει setzt, kann ohne jegliches Bedenken
als ein thatsächlich gesetzter, wirklich von ihm angenommener an=
gesehen werden.

Was die beiden anderen Glieder des mit εἰ eingeführten Vor=
dersatzes anlangt, so ist dort das Verhältniß ganz das nemliche.
Warum soll Paulus von der „Nichtwirklichkeit" überzeugt gewesen
sein, daß die Leser durch die Einwirkung der Pseudoapostel ein
πνεῦμα ἕτερον empfingen, als sie ursprünglich bei ihrer Bekehrung
durch Paulus empfangen hatten? Kennt Paulus denn nicht ein
πνεῦμα δουλείας πάλιν εἰς φόβον (Röm. 8, 15)? Von diesem
sagt er an der angeführten Stelle, daß die römischen Leser ihn nicht
empfangen hätten. Auch die Korinther haben diesen Geist durch die
Predigt des Paulus ursprünglich nicht bekommen, sondern einen
völlig entgegengesetzten (cf. 2 Kor. 3, 17 οὗ δὲ τὸ πνεῦμα κυρίου;
ἐλευθερία): allein was steht im Wege, daß die judaistischen An=
kömmlinge diesen Knechtschaftsgeist, den Paulus im Unterschiede von
dem ihn beseelenden ein ἕτερον πν. nennt, der Gemeinde beizu=
bringen versuchten, und letztere diesem andersartigen Geiste einigen
Eingang verstattete? Verkündeten die judaistischen Irrlehrer einen
„anderen Jesus", empfingen die Leser einen Geist knechtischer Ge=
setzlichkeit: so nahmen sie auch unvermerkt ein anderes Evangelium
auf, als sie ursprünglich aus der Hand des Paulus erhalten hatten.
Es ist das nemliche Evangelium, zu dem sich die Galater, zum Er=
staunen des Apostels, so rasch von dem sie in der Gnade Christi
berufen habenden Gott umgewandt hatten. Dieses judaistische Evan=
gelium nennt Paulus (Gal. 2, 6) ebenfalls ein ἕτερον εὐαγγέλιον,
wenn er diesen Ausdruck auch sofort wieder B. 7 zurücknimmt, da
ihm der Name „Evangelium" für die gegen sein allein wahres

Evangelium gerichteten destruktiven Tendenzen seiner Gegner als
viel zu gut erscheinen muß. An unserer Stelle aber, wo Paulus,
wie wir bald zeigen werden, nicht ohne Ironie redet, kann er ein
aus Glauben und Werken, Juden= und Christenthum gemischtes Lehr=
system ganz wohl unter dem Namen ἕτερον εὐαγγέλιον passiren
lassen, da es wenigstens ben halbbethörten νοήματα mancher Ko=
rinther von den Pseudoaposteln als frohe Botschaft, und zwar als
eine bessere, als die von Paulus gebrachte, plausibel gemacht wurde.
Wir haben bis jetzt den Vordersatz von V. 4 in Betracht ge=
zogen und uns hoffentlich überzeugt, daß wir zu nichts weniger
Grund haben, als den von Meyer mit Beifall citirten Satz Bengels
zu unterschreiben: Ponit (sc. Paulus v. 4) conditionem ex parte
rei impossibilem. Denn wir wüßten wahrlich nicht, worin die
sachliche Unmöglichkeit liegen sollte, daß judaistische Ankömmlinge in
Korinth einen Jesus unter dem Gesichtspunkt national=jüdischer Ge=
setzlichkeit predigten, und die Leser, vor deren Verdorbenwerden durch
die Täuschung der Pseudoapostel Paulus Besorgniß hegt, sich wenig=
stens zum Theil gar nicht so abgeneigt zeigten, einen verschieden=
artigen Geist und ein verschiedenartiges Evangelium sich beibringen
zu lassen. Waren dies aber nicht sachlich unmögliche, sondern dem
Paulus nur zu wohl bekannte Thatsachen, und setzt er sie durch εἰ
cum indic. praes. als thatsächlich: was bedeutet nun der Nachsatz:
καλῶς ἀνείχεσθε? Daß hier ein Anakoluth vorliegt, der Nachsatz
grammatisch zu dem Vordersatz nicht paßt, ist eine Thatsache, welche
von allen Exegeten constatirt ist. Es kann sich also nur darum
handeln, auszumitteln, wie der Schriftsteller ursprünglich habe
schreiben wollen, und wie er zu der irregulären Ausdrucksweise
gekommen sei. Für am wenigsten wahrscheinlich wird man es doch
in jedem Falle immer halten müssen, daß ein Autor gleich von vorne
herein, wo er eine Periode anfängt, aus der Construction fällt.
Deßhalb hat es nichts für sich, anzunehmen, Paulus habe statt εἰ-
κηρύσσει eigentlich schreiben wollen εἰ-ἐκήρυσσε. Dagegen spricht
Alles dafür, daß nach einem aus mehreren Gliedern bestehenden
Vordersatze, in den überdem noch Zwischensätze eingeschoben sind,
der Nachsatz anders ausgefallen sei, als man nach dem Vordersatze
erwarten mußte. Dies nehmen denn nun auch z. B. Meyer,
Winer (Gramm., 6. Aufl., p. 273, freilich nicht ohne die andere
Möglichkeit offen zu lassen), an. Sie meinen, der Apostel habe
eigentlich ἀνέχεσθε schreiben wollen. Nach Winer ändert P. ab=

ſichtlich, um ben Korinthern nicht wehe zu thun, baß harte ἀνέχεσϑε in bas hypothetiſche und ſo milbere ἀνείχεσϑε, „wobei freilich" — fährt ber ſo gründliche unb beſonnene Grammatiker fort, — „um ſo mehr ἄν erwartet werben ſollte, als ber Vorberſaß nicht auf eine hypothetiſche Periode angelegt iſt." Iſt mit bieſem Geſtänbniß bieſe Erklärung ſo gut wie zurückgenommen: ſo iſt auch bie Meyer'ſche nicht empfehlenswerther. Nach M. vermochte ben Apoſtel, als er an ben Nachſaß kam, bie Vorſtellung von ber boch im Grunbe ſtatt= finbenben Nichtwirklichkeit bes im Vorberſaße Geſagten, ben Nach= ſaß milbernb ſo auszubrücken, baß er nur eine vermeinte Wirklich= keit ausſagt. Allein ſo ſeßt Meyer boch immer zu bem ἀνείχεσϑε ein ἄν, auch wenn er es nicht eingeſtehen will. Für uns, bie wir glauben nachgewieſen zu haben, baß P. im Vorberſaße durchaus keine abſtrakte Möglichkeit, ſonbern eine ſehr reale Wirklichkeit als Bebingung geſeßt hat, liegt nicht ber minbeſte Grunb vor, καλῶς ἀνείχεσϑε für hypothetiſch anzuſehen. Unſere Anſicht iſt einfach folgenbe. Wir ſinb bamit einverſtanben, baß Paulus, wie er bie Periobe begann, urſprünglich wohl ἀνέχεσϑε ſchreiben wollte. Allein er ſagte bas ἀνέχεσϑαι ben Leſern nicht gerabeswegs auf ben Kopf zu, weil er ein williges Entgegenkommen ber Leſer gegenüber ber Ver= führung ber Pſeuboapoſtel für bie augenblickliche Gegenwart, in ber er ſchrieb, ja nicht mit unbebingter Gewißheit wiſſen konnte, ober wenigſtens, wenn er es auch fürchtete, aus Schonung nicht ſagen wollte. Was Paulus beſtimmt wußte, bas war bas, baß ſie ſich, ſeinen leßt empfangenen Nachrichten zufolge, bas Betreffenbe von ben Ankömmlingen hatten gefallen laſſen. Unb bieſer für ihn hiſtoriſchen Thatſache giebt er einen beſtimmten, mit einer ironiſchen Billigung verſehenen Ausbruck. Alſo: „Wenn ber Betreffenbe (wie ich bies ſehr wohl als vorgekommen weiß) einen anberen Jeſus ver= künbigt .... ſo ließt ihr es euch ja mit Recht gefallen." Der Ein= wanb Beyſchlag's, baß, wenn jenes falſche Evangelium in Korinth Eingang gefunben hatte, Paulus nicht hätte ſagen können, bie Ko= rinther würben ſich baſſelbe mit Recht gefallen laſſen, hat, ſofern er auch unſere Auffaſſung trifft, nur für benjenigen irgenb welches Gewicht, ber ſo unaufmerkſam ben leßten Theil bes zweiten Korinther= briefes geleſen hat, baß er an allen Stellen, wo bie theils weh= müthige, theils bittere Ironie bes Apoſtels mit Hänben zu greifen iſt, nichts bavon zu merken gutmüthig genug iſt. Daß gleich ber Anfang bes 11. Capitels, wo Paulus bie Leſer bittet, ſich etwas

von seinem Unverstand gefallen zu lassen, ironisch zu verstehen sei,
braucht man doch kaum einem aufmerksamen Leser des Briefes näher
deutlich zu machen. Wenn Paulus 11, 5 sagt: er glaube in Nichts
den übergroßen Aposteln nachzustehen: so kann nur ein solcher diese
Worte im Ernste von einem sich Gleichstellen des Paulus mit den
die Rolle der verführenden Schlange darstellenden „Dienern des
Satans" verstehen, für dessen Sehvermögen jeder Unterschied von
Schwarz und Weiß zu existiren aufgehört hat. Im 19. und 20. Verse
des 11. Cap. sagt Paulus ebenfalls sicherlich nicht ohne Ironie:
Ihr laßt euch nemlich ja so gern die Unverständigen gefallen, die
ihr selber verständig seid; ihr laßt euch nemlich gefallen, wenn euch
Jemand verknechtet u. s. w. Hier spricht Paulus das ἀνέχεσθαι
präsentisch aus von einem gewaltthätigen, habsüchtigen und herrsch=
süchtigen Auftreten der Pseudoapostel gegen die Leser, das diese sich
so gerne gefallen lassen. An unserer Stelle dagegen V. 4, wo es
sich um etwas Schlimmeres handelt, als um bloß schlechte äußere
Behandlung, sagt Paulus ἀνείχεσθε mit dem bekannten, öfter
ironisch gebrauchten καλῶς verbunden, um die einfältige Empfäng=
lichkeit der Leser den zum Abfall von ihrem bisherigen Evangelium
sie verführenden Pseudoaposteln gegenüber, einestheils freilich als
eine früher vorgekommene, zu charakterisiren, — und hierdurch wird
der Ausdruck des Apostels allerdings milder, — andererseits aber
dieses entgegenkommende Verhalten der Korinther ironisch als eine
mit vollem Rechte zu billigende zu bezeichnen, da ja das ihnen zur
Verführung Angebotene etwas so Glänzendes sei, daß man sich nicht
wundern dürfe, wenn die Eva=Gemeinde sich dasselbe als ein für sie
angemessenes Anerbieten habe gefallen lassen. Die ironisch gebilligte
Thatsache, daß die Leser sich gegen die Verführer so willfährig be=
wiesen, sollte dazu dienen, die Furcht des Apostels, der er V. 3
einen Ausdruck gegeben hatte, zu begründen. Deßhalb das γάρ in
V. 4. Die bewiesene Willfährigkeit der Korinther wird wiederum
begründet durch das γάρ V. 5. Inwiefern kann aber der Satz:
„Denn ich erachte, daß ich in Nichts zurückstehe hinter den über=
großen Aposteln", ein Grund für das καλῶς ἀνείχεσθε sein? Nur
in dem Falle, wenn man sich das καλῶς ἀνείχεσθε und ebenso
Vers 5 aus der Sprache der Ironie in die eigentliche Redeweise
zurückübersetzt: „so war't ihr thöricht genug, euch so etwas gefallen
zu lassen. Denn ich glaube doch ein ganz anderer Apostel zu sein,
und euch etwas ganz Anderes gebracht zu haben als jene hergelaufenen

Menschen, die sich in ihrem gespreizten Hochmuth zu einer über-apostolischen Würde emporgehoben haben, um ihre armselige Waare besser an den Mann bringen zu können."

Haben wir so den, unseres Erachtens wenigstens ausreichenden, Nachweis geliefert, daß außer einer Reihe anderer Thatsachen auch der richtig ermittelte Sinn des 4. Verses uns auf eine wirkliche Irrlehre führt, welche die Vertreter derselben nach Korinth brachten, und zwar mit einem solchen Erfolge, daß Paulus unverhohlen seine Besorgniß auf Grund gemachter Erfahrungen ausspricht, die Gemeinde möge von dem von ihm verkündigten Evangelium zu einem andersartigen verführt werden: so stimmen auch die noch restirenden einschlägigen Stellen unseres Briefes zu dem judaistischen Charakter jener.

Daß in Betreff der Christologie zwischen den Judaisten und Paulus eine sehr erhebliche Differenz Statt fand, darüber ließen uns schon die bisher in Betracht gezogenen Stellen 5, 16 cf. 3, 17; 4, 4. 6; ferner 10, 7, und endlich als die deutlichste 11, 4 keinen Zweifel. Es mag hier der Ort sein, noch einer Stelle aus dem ersten Capitel einige Aufmerksamkeit zu schenken, die man unseres Wissens noch nicht genauer in Rücksicht auf die vorliegende Frage angesehen hat. Wir meinen, 1, 19—20. Paulus verwahrt sich. V. 17 gegen den ihm von seinen Gegnern wegen der Verzögerung seiner den Lesern als nahe bevorstehend zugesagten Reise nach Korinth gemachten Vorwurf eines leichtsinnigen, unzuverlässigen, wankelmüthigen Charakters. Als Beleg, wie wenig ihn gerade dieser Vorwurf treffe, weis't er auf seine evangelische Predigt und deren Erfolg in Korinth hin. Sein an die Korinther gerichtetes evangelisches Wort sei nicht Ja und Nein. Denn der Gottessohn Jesus Christus, der unter ihnen durch ihn, Silvanus und Timotheus verkündet sei, sei nicht Ja und Nein, sondern Ja sei in ihm geworden. Denn so viele es Verheißungen Gottes gebe, in ihm (sc. dem von Paulus sammt seinen beiden Genossen verkündeten Christus) sei das Ja und in ihm das Amen Gotte zur Ehre durch Vermittelung des Apostels (18—20). Hier ist zunächst klar, daß Paulus auf den persönlichen Inhalt seiner apostolischen Predigt hinweis't, nemlich Christum, wie er von ihm und seinem, ihm bei seiner ersten Anwesenheit zur Seite stehenden Genossen verkündigt worden sei. Gerade dieser Christus biete in seiner eigenthümlichen Natur eine objektive Gewähr, wie wenig ihm, dem Paulus, ein unzuver-

läſſiges, zwiſchen Ja und Nein hin und her ſchwankendes Weſen bei=
gelegt werden dürfe. Indem aber der Apoſtel mit ſolchem Nachdrucke
grade auf ſeinen Chriſtus, wie er ihn den Korinthern dargeſtellt
habe, hinweiſ't, ſo wird derſelbe hiemit doch ohne Zweifel von
einem Chriſtus unterſchieden, wie ihn etwa Andere in Korinth ver=
fündigten. Und nur, indem die Leſer den pauliniſchen Chriſtus
mit einem anderen verglichen, konnten ſie aus dem Bilde, das
ter Apoſtel von dem ſeinigen entworfen hatte, einen ſo günſtigen
Rückſchluß auf den Prediger machen, wozu Paulus ſie aufforbert.
Wenn alſo der Apoſtel hier beſtimmte Merkmale angiebt, die ſei=
nem Chriſtus zukämen: ſo liegt es doch ſicher nahe genug, den
einfachen Schluß zu machen, daß jene Vorzüge dem Chriſtus der
Gegner gefehlt haben müſſen. Wir dürften alſo auch vielleicht hier
hoffen, etwas über die Verſchiedenheit der pauliniſchen und gegne=
riſchen Chriſtologie zu ermitteln. Was hebt nun alſo Paulus als
Vorzüge ſeines Chriſtus hervor? Οὐκ ἐγένετο ναὶ καὶ οὔ, ἀλλὰ
ναὶ ἐν αὐτῷ ἐγένετο: er iſt nicht Ja, d. h. Zuſage und Nein,
d. h. Abſage geworden. Dem Zuſammenhange nach war ναί ur=
ſprünglich die Zuſage, Verheißung des Apoſtels bald nach Korinth
zu kommen; οὔ die Zurücknahme, Abſage ſeines Verſprechens
(V. 17 cf. V. 15—16). Wenn nun von Chriſtus geſagt wird, daß
er nicht beides zugleich, Verheißung und Zurücknahme der Verhei=
ßung, ſondern ſchlechthin Verheißung geworden ſei, was anders
kann Paulus hiermit ſagen wollen, als daß der von ihm verkündete
Chriſtus nicht eine Verbindung von realiſirten und nicht realiſirten
Verheißungen, d. h. von nur partiell realiſirten göttlichen Verhei=
ßungen geworden, ſondern daß er vielmehr das abäquate, den poſi=
tiven Verheißungen Gottes vollkommen entſprechende reale Gegen=
bild geworden ſei. Denn (nicht bloß vereinzelte ſondern) alle
Verheißungen Gottes insgeſammt ſeien in ihm (dem pauliniſchen
Chriſtus) das Ja, d. h. in ſeiner Perſon faktiſch realiſirt, und das
Amen, d. h. von allen Seiten als erfüllt anerkannt worden. War
es alſo dem Paulus gelungen, den von ihm verkündigten Chriſtus
als einen ſolchen der korinthiſchen Gemeinde hinzuſtellen, daß er der
perſönliche Inbegriff aller göttlichen Verheißungen war, daß in
ihm alle Zuſagen Gottes ohne jeglichen Abzug, ohne alle Ein=
ſchränkung und Zurücknahme ihre Realität gefunden hatten: ſo
konnte Paulus an die Leſer ganz wohl die Zumuthung ſtellen,
hiervon den Rückſchluß machen: ein Mann, der ein ſolches durch

seine Predigt bewirkt habe, könne selber nicht leichtsinnig und incon=
stant in Betreff seines Verhaltens sein. Inwiefern konnte nun aber
der indirekte Vorwurf auf die Christologie der paulinischen Gegner
fallen, daß nach ihr Christus etwa Ja und Nein geworden sei, daß
in ihm nicht alle göttlichen Verheißungen ihre Realisirung gefun=
den hätten? War, wie sich uns aus unserer bisherigen Unter=
suchung ergeben hat, der von den Pseudoaposteln verkündete ἄλλος
Ἰησοῦς der unter der Norm der σάρξ aufgefaßte, nationaljüdische,
partikularistische Christus, so ist es ganz begreiflich, wie Paulus in
ihm aber nicht alle die göttlichen Verheißungen erfüllt sah, welche
er in denjenigen Stellen des Alten Testamentes erkannte, die sich
auf die Universalität des messianischen Heiles bezogen. Indem nun
sein Christus sowohl den national als den geistig und universell lau=
tenden Weissagungen und Verheißungen der Schrift entsprach, in
dem Christus der Judaisten dagegen die letzteren durch die er=
steren beschränkt wurden: so war in dem von ihm verkündeten
Christus Ja geworden, der gegnerische dagegen Ja und Nein.

Doch mag man über diese zuletzt besprochene Stelle, über die
wir uns nächstens anderwärts eingehender auszusprechen Gelegen=
heit finden werden, denken, wie man will, unser durch eine Reihe
von hinlänglich deutlichen Aussprüchen des Apostels über seine Geg=
ner festgestelltes Resultat bleibt in jedem Falle unverändert be=
stehen. Es lautet dahin, daß wir überall auf den judaistischen
Charakter der antipaulinischen Widersacher geführt wurden, und
daß ihr Judaismus dogmatisch so vollständig ausgeprägt ist,
wie man dies nur unter den betreffenden Umständen erwarten
konnte. Freilich ist in dem zweiten Korintherbriefe nicht so wie im
Galaterbriefe ausdrücklich die Rede von der Beschneidung,
welche als äußeres Verpflichtungszeichen der Erfüllung des mosai=
schen Gesetzes die Gegner des Paulus der Gemeinde zu Korinth
hätten auflegen wollen. Allein wenngleich das Wort περιτομή
auch nirgends vorkommt, es auch wahrscheinlich ist, worauf schon
Baur hingewiesen hat, daß die Pseudoapostel als ἐργάται δόλιοι
in einer so überwiegend hellenischen Gemeinde aus leicht begreiflichen
Gründen von vorneherein mit ihren eigentlichen Intentionen nicht
sofort werden hervorgetreten sein: so ist doch unverkennbar, daß,
wenn sie nur erst ihren „anderen Jesus“ den Korinthern würden
aufgeredet, und jenen „anderen Geist“ ihnen beigebracht haben, sie
nicht mit der letzten Parole würden zurückgehalten haben, daß die

Leser, um des messianischen Segens vollkommen sicher theilhaftig zu werden, sich beschneiden lassen müßten. Indirekt führen uns hierauf unverkennbar folgende Thatsachen. Im 11. Cap. B. 18 sagt Paulus mit Rücksicht auf seine Gegner, daß Viele sich rühmten κατὰ σάρκα, und aus V. 22 sehen wir deutlich, in welchem Sinne der Apostel jenes sich nach der Norm des Fleisches Rühmen gemeint habe. Die Betreffenden nemlich rühmten sich Hebräer, Israeliten, Abrahams Same zu sein. Welchen Zweck können sie mit dem Rühmen dieser Vorzüge ihrer reinen jüdischen Abkunft in einer großentheils aus früheren Heiden bestehenden Gemeinde allein verbunden haben? Schwerlich doch bloß den, sich durch Geltendmachung ihrer vorzüglicheren Abkunft über die korinthischen Christen zu erheben, als weit mehr den, den Heidenchristen ein Verlangen zu erwecken, derselben Güter theilhaftig zu werden, welche sie, die sich Rühmenden, in Folge ihrer natürlichen Geburt besäßen. Wir gehören durch unsere Abkunft — werden sie geltend gemacht haben — demjenigen Volke an, welches Gott sich aus allen Völkern heraus zum Eigenthumsvolke erwählt hat, mit dem er durch seine mit den Patriarchen und mit Moses geschlossenen Bündnisse in ein so enges Verhältniß der Gemeinschaft getreten ist, dem er den Messias und dem er durch ihn die Weltherrschaft verheißen hat, und aus welchem Volke Israel ja auch wirklich Jesus abstammt (cf. Röm. 9, 4. 5.). Wollt ihr selber aller dieser Segensgüter theilhaftig werden, so müßt ihr, wie wir, Jesu in allen Stücken ähnlich werden, der seiner nationalen Abkunft gemäß sich auch in seinem Leben und Wandel innerhalb des alten heiligen Gesetzesbundes gehalten hat. Nur Abrahams Same ist der Same, dem die Verheißung des messianischen Heiles gegeben worden ist. Abrahams Kinder aber werdet ihr nicht durch den bloßen Glauben, sondern es müssen die Werke Abrahams, die Werke, welche Gott durch Moses befohlen hat, hinzukommen, sonst seid ihr nicht Christi, sonst werdet ihr nicht Erben der Güter seines künftigen herrlichen Reiches. Waren dies ungefähr die einfachen sich aus ihrem judaistischen Standpunkte von selbst ergebenden λογισμοί der Widersacher des Paulus, so drängte im Grunde genommen Alles auf die Beschneidung als die letzte Consequenz ihrer Tendenzen hin, nur daß das Stichwort selber nicht so offen, wie von den galatischen Irrlehrern ausgesprochen wurde. — Dieser vorsichtig gehaltenen Angriffstaktik der Gegner entspricht nun auch die Vertheidigung des Paulus. Sie hält sich innerhalb

der Grenzen, in denen sich die Dialektik der Judaisten bisher be=
wegte. Suchen diese vorzugsweise durch die Predigt eines „anderen
Jesus" in Korinth zu ihrem Ziele zu kommen, und den Apostel
Paulus dadurch zu beseitigen, daß sie von ihm behaupteten, er ge=
höre Christo nicht wahrhaft an, da er als Hellenist weder ein rei=
ner Hebräer, noch als „heidnisch lebender" (ἐθνικῶς ζῶν cf. Gal.
2, 14), ein echter theokratischer Bürger, noch als von Jesus nicht
Unterrichteter und zum Jünger gemachter, ein wahrer διάκονος
Χριστοῦ (2 Kor. 11, 23) sei: so begnügt sich Paulus, wie wir
gesehen haben, überall die äußerliche Anschauungsweise, aus der
diese Argumente hervorgehen, den Lesern kenntlich zu machen, und
ihr gegenüber den Beweis des Geistes und der Kraft zur Geltung
zu bringen. Daß das eigentlich letzte Ziel der Leute, die sich im
Gegensatz gegen Paulus „Diener Christi" nannten, gesetzliche
Werkgerechtigkeit gewesen sei, zeigt auch der Ausdruck
„διάκονοι δικαιοσύνης", in welche sich, wie Paulus sagt, die Die=
ner des Satans verwandelten (11, 15). Es ist ganz abwegig,
wenn Meyer diesen Ausdruck dahin versteht, daß die Gegner des
Apostels sich als Leute dargestellt hätten, welche dazu bestimmt und
wirksam sind, die Gerechtigkeit aus dem Glauben zu för=
dern. Was führt denn in unserem Briefe auch nur im Entfern=
testen darauf hin, und wie läßt es sich irgendwie vorstellig machen,
daß judaistische Irrlehrer mit der Absicht, den Paulus zu verdrän=
gen, die eigenthümlichste Lehre dieses Apostels selbst sollen adoptirt
und in Korinth zur Geltung gebracht haben? Eine vollkommen
entgegengesetzte Auffassung jenes Ausdruckes liegt so auf der Hand,
und entspricht den uns bisher bekannt gewordenen Pseudoaposteln
so vollkommen, daß gar nicht an der Richtigkeit derselben gezweifelt
werden kann. Paulus will nemlich sagen, wenn der Satan sich in
das Gegentheil dessen verwandelt, was er seinem Wesen nach ist,
so ist es kein Großes, wenn seine Diener, welche durch ihr lügen=
haftes, arglistiges Wesen (11, 12. 13) ja zeigen, wie fern ihnen
Gerechtigkeit im sittlichen Sinne ist, sich hier in Korinth mir
gegenüber als Diener der Gerechtigkeit aufwerfen, d. h. sich das
Ansehen geben, als wollten sie die Gerechtigkeit des Ge=
setzes und der Werke gegen die Gerechtigkeit aus Glauben zur
Geltung bringen. Der Ausdruck διάκονοι δικαιοσύνης ist also
insofern ein bitter ironischer, als er den Contrast zwischen dem
Charakter und der Parole der Gegner, welche δικαιοσύνη (Ge=

seßesgerechtigkeit) war, in ein so grelles Licht treten läßt. Mit dieser Auffassung stimmt auch der Nachsaß: ὧν τὸ τέλος ἔσται κατὰ τὰ ἔργα αὐτῶν. Ihre Werke nemlich sind nichts anderes als Werke der δικαιοσύνη, welche in Wahrheit satanisch-maskirte Ungerechtigkeit ist. Ist δικαιοσύνη 11, 15 jüdische Werkgerechtig- keit, so erklärt sich auch psychologisch sehr leicht, wie Paulus un- mittelbar darauf in V. 18 auf das Rühmen jener Gerechtigkeits- diener κατὰ σάρκα kommt. Die Gerechtigkeit nemlich war ja nach dem Sinne der Juden und Judaisten nur da vollkommen vor- handen, wo eine perfekt-äußere Zugehörigkeit zum theokratischen Verbande Statt hatte, cf. Gal. 2, 15.

Mit dem judaistischen Standpunkt, der sich uns in religiös- dogmatischer Hinsicht überall offenbart hat, hängt nun auf das Engste zusammen das Benehmen der Führer der antipaulinischen Partei der korinthischen Gemeinde gegenüber, welches Paulus 11, 20 schildert. Er gebraucht hier nemlich zunächst dasselbe Verbum καταδουλοῦν, welches er auf die παρείσακτοι ψευδάδελφοι, welche in Jerusalem die Beschneidung der Heidenchristen gegen ihn durchzusetzen sich alle Mühe gaben, Gal. 2, 4 anwendet, um damit das herrschsüchtige Auftreten seiner Gegner gegen die zur Freiheit und Freude des Evangeliums berufenen Korinther zu bezeichnen, die, ähnlich wie die Galater, wiederum unter das Joch der Knecht- schaft des Gesetzes gebracht werden sollten (cf. Gal. 4, 9; 5, 1). Synonym mit καταδουλοῦν ist das κατακυριεύειν und κατεξου- σιάζειν, welches Jesus als den Seinigen durchaus frembartig, mit Rücksicht auf die theokratischen Herrschergelüste der Zebedäiden so entschieden zurückgewiesen hatte (Matth. 20, 25 ff. parall.). Das κατεσθίειν erinnert an die habsüchtige Gier, welche Jesus ebenfalls als einen eigenthümlichen Charakterzug der Pharisäer hervorhebt Mark. 12, 40 Luk. 20, 47. Das λαμβάνειν ferner, welches man früher meist von dem eigennützigen Ansichreißen der Güter der Leser verstand, wird von den neueren Interpreten fast allgemein weit richtiger von dem Einfangen der gleich dem Wild des Feldes frei sich bewegenden Leser in die aufgestellten Fangneße der „Diener der Gerechtigkeit" verstanden (cf. 12, 16 Matth. 23, 3), während ἐπαίρεσθαι und εἰς πρόσωπον δέρειν die übermüthige Selbsterhebung und das rücksichtlos unverschämte Auftreten der- selben gegen die Gemeinde kennzeichnet. Alles Eigenschaften, wie wir sie Leuten durchaus zutrauen können, welche vom Geiste des

Pharisäismus geleitet, eine christliche Gemeinde, die auf einem ur=
sprünglich ganz anderen Grunde gebaut, und von einem völlig
andersartigen Geiste beseelt war, zum willenlosen Objekt ihrer
hierarchischen Bestrebungen machen wollten, und dies auf keinem
zweckmäßigeren Wege erreichen konnten, als wenn ihr das Joch des
Gesetzes allmählig und halb unbewußt durch von Beredsamkeit
unterstützte Trugschlüsse aufgelegt wurde (cf. 10, 5; 11, 6).

Ein hauptsächliches Mittel nun, dessen sich diese Judaisten be=
dienten, um ihre Zwecke zu erreichen, war die Verdächtigung
und Verleumbung des Apostels Paulus. So lange dessen aposto=
lisches Ansehen in der Gemeinde galt, so lange sie zu ihm, wie zu
ihrem geistlichen Vater, Berather und Pfleger hinaufsah, konnten
natürlich die Verkündiger eines andersartigen Evangeliums nur
wenig Hoffnung haben, eine, irgend welche größere Anerkennung
innerhalb derselben zu finden. Die Führer des Judaismus mußten
daher, wollten sie ihre Pläne erreichen, Alles daran setzen, den
Paulus den Korinthern als einen solchen darzustellen, der die zu
einem Apostel erforderlichen Requisite in keiner Weise besitze.
Schon aus dem 1. Korintherbriefe Cap. 9, 1 ff. sehen wir deutlich,
daß Paulus auf Solche Rücksicht zu nehmen hat, welche ihm die
Auctorität des Apostels grabeswegs absprachen. Die unmittelbare
Aufeinanderfolge der beiden hier von Paulus gethanen Fragen:
Οὐκ εἰμὶ ἀπόστολος; und οὐχὶ Ἰησοῦν Χριστὸν ἑώρακα; läßt
kaum einen Zweifel übrig, daß Gewisse dem Paulus die apostolische
Würde aus dem Grunde absprechen, weil er nicht in demjenigen histo=
rischen Zusammenhange mit Christo gewesen, der z. B. Act. 1, 21. 22
als nothwendiges Erkenntniß eines Apostels geltend gemacht wird.
Denjenigen nun, die ihn so ungünstig beurtheilten, setzt er ein Zwie=
faches als apologetische Instanz entgegen, erstens das, daß er Jesum
Christum gesehen habe, womit er auf die ihm zu Theil gewordene
Erscheinung des auferstandenen Christus hinweis't (1 Kor. 15, 8),
zweitens das, daß die Korinther in ihrer Eigenschaft als Christen
sein Werk seien, daß sie das Siegel seien, mit dem er sich als
Apostel ausweisen und beglaubigen könne (9, 1—3). Im Wesent=
lichen das nemliche Bedenken gegen die Rechtmäßigkeit seines Aposto=
lats hat Paulus im zweiten Korintherbriefe zu beseitigen, und seine
Apologie ist nur die weitere Ausführung der im ersten Briefe kurz
angedeuteten Momente gegen die inzwischen mit verschärfter Kraft
gegen ihn erhobenen Beschuldigungen seiner Gegner. Denn gehörte

Paulus nach der Ansicht seiner Gegner nicht Christo an in demselben Sinne, wie sie sich dieser Zugehörigkeit rühmten (II, 10, 7):
so konnte Paulus nach ihrer Schätzung auch kein Diener Christi
(11, 23), noch weniger ein Apostel Christi sein. Müssen sie ja
seine großartige Uneigennützigkeit dahin interpretirt haben, daß
Paulus, indem er nicht wie die übrigen Apostel seinen Unterhalt
von den betreffenden Gemeinden bezog, sich offenbar nicht getraut
habe, die ἐξουσία eines wahren Apostels für sich in Anspruch zu
nehmen (I, 9, 1. 4 ff. II, 11, 7; 12, 13). War aber Paulus nicht
von dem historischen Christus zum Apostel gewählt worden, so
konnte er sich, nach der Ansicht seiner Widersacher nur durch Selbstempfehlung als Apostel bei den Gemeinden einführen (II, 3, 1;
5, 12), und nur sich selber predigen (4, 5). Er war ein πλάνος
(6, 8), der nach dem Fleische wandelte (10, 2), sich einer σοφία
σαρκική bediente (1, 12), seine Entschlüsse κατὰ σάρκα faßte
(1, 17), dessen Predigt daher nur denselben Charakter der Unzu-
verlässigkeit an sich tragen müsse, wie sein sonstiges Benehmen dieß
an den Tag lege (1, 18 ff. cf. 1, 13. 17; 4, 3). Bei seinem
Mangel an besonnener christlicher Erkenntniß und an Redegewandt-
heit (11, 6; 10, 10) überlasse er sich einem überspannten, an
Wahnsinn grenzenden Wesen (5, 13; 11, 16 f.). Daher komme es,
daß er aus der Ferne in seinen Briefen einen gewaltigen Muth
der Gemeinde gegenüber zur Schau trage, während wenn er persönlich anwesend sei, er nur einen timiden und schwächlichen Eindruck mache, und seine Rede verachtet sei (10, 1. 9 — 11). Was
seine gerühmte Uneigennützigkeit anlange, so nehme er freilich aus
leicht begreiflichen Gründen direkt keine Unterstützung Seitens der
von ihm gestifteten Gemeinden an, allein nicht ohne Grund betreibe
er überall und unablässig Collekten für die Heiligen in Judäa, da
er seinen eigenen Vortheil hiebei zu finden wisse (7, 1; 8, 20 ff.;
12, 17—18).

Waren dies die Beschuldigungen der Widersacher des Apostels,
durch welche sie seine Stellung zu der korinthischen Gemeinde zu
untergraben sich angelegen sein ließen, wie vertheidigt sich nun
Paulus namentlich dagegen, daß ihm die apostolische Würde abgesprochen wurde? Da derselbe eine Continuität mit dem historischen
Christus nicht nachweisen kann, überhaupt, wie wir gesehen haben,
keinen Werth darauf legt, κατὰ σάρκα Christum zu kennen: so
kann er seine Ausrüstung zum Dienste des Neuen Bundes nur auf

eine unmittelbare, direkte That der Gnade Gottes zurückführen. Gott selbst ist es daher, der ihn, Paulus, gesalbt hat (1, 21 f.), b. h. durch Mittheilung seines heiligen Geistes zur Verkündigung des Evangeliums eingeweiht hat. Paulus hält sich nicht für tüchtig von sich selber, etwas zu seinem apostolischen Dienst Gehörendes zu erdenken wie aus seinem eignen menschlichen Bewußtsein heraus; vielmehr stammt diese Tüchtigkeit aus Gott, welcher ihn zum Diener des Neuen Bundes tüchtig gemacht (3, 5. 6, aus Gna= den mit diesem Dienst betraut hat (4, 1). Darum redet er wie aus Gott heraus (ὡς ἐκ θεοῦ) vor Gottes Angesicht in Christo (2, 17). Er braucht sich nicht durch Andere erst empfehlen zu lassen, sondern empfiehlt sich selber jedem (unverdorbenen) mensch= lichen Gewissen gegenüber durch offene Kundmachung der Wahrheit (4, 2 cf. 3, 1). Denn Gott selbst ist es ja, der ihn in Christo allezeit triumphiren läßt und den Geruch seiner Erkenntniß durch den Apostel kund macht an allen Orten (2, 14). Da der persönliche Inhalt der ihm geoffenbarten Wahrheit Christus ist, so ist Paulus weit entfernt sich selber, b. h. seine eigene Weisheit zu verkünden, daß er sich vielmehr eine Χριστοῦ εὐωδία, b. h. einen von Christo duftenden Wohlgeruch nennt, um die Qualität des von ihm kund Gethanen als eine von seiner inneren Gemeinschaft mit Christo herrührende zu bezeichnen (4, 5 f.; 2, 15). Näher ist es nun aber der von Gott zur Sünde gemachte, als der Eine für Viele gestor= bene Christus, den Paulus verkündigt; beßhalb ist der Dienst, den Gott, der durch Christum die Welt mit sich versöhnende, auf ihn gelegt hat, eine διακονία τῆς καταλλαγῆς (5, 18. 19. 21). Paulus tritt für (ὑπέρ) Christus, um dessen Sache zu führen, als Botschafter auf, wie wenn (nicht er selbst, sondern) Gott durch ihn die Aufforderung ergehen läßt, sich mit Ihm versöhnen zu lassen (5, 20). Allein, da Christus andererseits als der zum himmlischen Leben wiedererweckte, der Geist κατ᾽ ἐξοχήν ist, der auch Andere lebendig macht (3, 6; cf. 1 Kor. 15, 45; Röm. 8, 2), so ist der Dienst des Paulus, welcher den in Christo in seiner ganzen Fülle und Kraft zur Erscheinung gekommenen heiligen Geist Anderen vermittelt, eine διακονία τοῦ πνεύματος (2 Kor. 3, 8). Insofern die unmittelbare Folge der Versöhnung Freude ist: so sieht sich Paulus als Diener der Versöhnung auch principiell als Mitbeförderer der Freude der Gemeinde an (1, 24). Er hebt es zweimal mit Nachdruck hervor, daß Gott ihm seine apostolische

Machtbefugniß gegeben habe εἰς οἰκοδομὴν καὶ οὐκ εἰς καθαίρεσιν (10, 8 und 13, 10), womit er ohne Zweifel darauf hinweis't,
wie bei einem Diener des Neuen Testamentes die Handhabung der
Strafgewalt eigentlich ein Nicht = Normales sei, das nur nothge=
drungen in Anwendung gebracht werden dürfe, wenn die Verhält=
nisse es nun leider nicht anders gestatteten. An sich gehört ja die
κατάκρισις, der θάνατος in den Alten Bund (3, 9. 7). Eine
Wirkung des Geistes, der seine lebendig machende Kraft an dem
Gläubigen bewährt, ist aber die evangelische Freiheit (3, 17).
Deßhalb muß Paulus als Vertreter des Dienstes des Geistes eine
Herrschaft über den Glauben der Gemeindeglieder von sich ablehnen
(1, 24), ganz im Gegensatz zu dem Benehmen seiner Widersacher
(11, 20).

Aus diesen Aussagungen des Paulus über sein apostolisches
Amt geht also hervor, wie er nicht durch menschlich historische
Vermittelung zu demselben gelangt zu sein sich bewußt ist, sondern
vielmehr durch eine innere unmittelbare göttliche Be=
rufung, wie er nicht die Verkündigung des innerhalb seiner na=
tionalen Schranken sich bewegenden Jesus für seine Aufgabe ansieht,
sondern die Predigt des gekreuzigten und auferstandenen Christus, in
dessen innerer mystischen Gemeinschaft er sich mit Gott versöhnt
und zu einem neuen himmlischen Leben wiedergeboren weiß, wie
endlich die ganze Handhabung seines Dienstes einen jenem Verhält=
niß zu Christo entsprechenden idealen und geistigen Charakter an
sich trägt. Im Bewußtsein, daß er in seinem ganzen apostolischen
Dienste nur ein Organ der göttlichen Gnade sei, die durch ihn
zum Heil der Menschheit wirke, kann Paulus, dessen Gewissen ihm
bezeugt, daß er in Gott wohlgefälliger Lauterkeit wandelt (1, 12),
den Vorwurf ablehnen, daß die Waffen seines gegen die Bollwerke
seiner Widersacher unternommenen Feldzuges fleischliche seien (10, 4).
Da vielmehr Paulus ein Kämpfer ist, durch den Gott seine Siege
erstreitet (2, 14), so hat der Apostel auch die unerschütterliche
Ueberzeugung, daß seine Waffen für Gott als mächtige gelten,
um alle widerstrebenden Mächte niederzuwerfen, wozu fleischliche
Waffen selbstverständlich zu schwach sein würden (10, 4 8.). Im
Besitz dieser geistlichen Waffen fühlt sich Paulus stark genug, Gott
und Christo die ganze Menschheit zum geistigen Eigenthum zu
unterwerfen (2, 14 ff. 3, 2; 4, 2 ff.). Daß der Apostel nicht sich
selber, sondern daß Gott ihn empfiehlt (10, 18), dafür ist ein

evibenter Beweis, baß das Territorium, welches Gott ihm zur Unterwerfung unter sein Evangelium überwiesen hat, kein durch nationale Grenzen beschränktes ist, sondern baß alle Heidenländer seinem Siegeszuge offen stehen, während seine jubaistischen Gegner nichts Anderes vermögen, als sich fremder Arbeit zu rühmen (10, 13—16).

Sprechen so bie vor aller Welt baliegenden Erfolge laut für bie Aechtheit seines Apostolats und für die göttliche Wahrheit der von ihm geführten Sache: so sind auch bie Drangsale und Leiden, benen Paulus unablässig in seinem Dienste unterworfen ist, die in weit reichlicherem Maaße als auf irgend einen Anderen auf ihn herabkommen, ein offenkundiger Beleg, ein wie ähnliches Abbild seines Urbildes, nemlich bes gekreuzigten Christus, er selber sei. Er sieht biese als Leiben an, welche er um Christi willen erbulbet (1, 5; 4, 11). Wie Christus gekreuzigt ist ἐξ ἀσθενείας (13, 4), so mag sich auch der mit ihm in der innigsten Lebens= gemeinschaft stehende Apostel am liebsten seiner Schwachheiten, b. h. alles besten rühmen, was er von feindseligen Gewaltsamkeiten Seitens der gottwiderstrebenden Welt in machtloser Ergebenheit zu erbulden hat (11, 30; 12, 5. 9.). Mit Rückblick auf bie ihn un= aufhörlich treffenden Verfolgungen (4, 8 — 9) kann Paulus daher sagen: er trage allezeit die νέκρωσις τοῦ Ἰησοῦ an seinem (be= ständigen Todesgefahren unterliegenden) Leibe herum (4, 10. 11. 16.). Wie der Apostel den Gekreuzigten verkündigt, so stellt er den Ge= kreuzigten auch überall in seiner eigenen Christi selbstverleugnendes Leiden darstellenden Person vor Augen. Wenn Paulus sich in der Rolle eines ἄφρων von 11, 21 — 12, 19 in einen apologetischen Wettstreit des Rühmens mit seinen Gegnern einläßt, so kommt er 11, 23—33 auch auf die lange unablässig sich fortsetzende Kette von Mühen und Drangsalen aller Art, die sich durch sein ganzes der Verkündigung des Gekreuzigten gewidmetes Leben hindurch= zieht. Sie dienen ihm zum Beweise, wie unendlich viel größer sein Recht, sich einen „Diener Christi" zu nennen, sei, als das seiner Gegner, die sich biesen Namen ausschließlich beizulegen an= maßend genug sind. Man mißversteht nun die Tendenz des Apo= stels bei biesem Strategem vollkommen, wenn man meint, Paulus mache seinen Widersachern an sich den Namen διάκονοι Χριστοῦ ebensowenig wie ihre Arbeiten und erbulbeten Verfolgungen streitig, nur baß er sich jene Bezeichnung und die ihn selber betroffenen

Drangsale in einem (comparativisch) höheren Grade und Maaße vindicire. Allein es gehört nur ein geringes Maaß von Aufmerk- samkeit auf die ganze Situation und die Ausdrucksweise des Apo- stels in diesem Abschnitte dazu, um die schneidende Ironie, die in der Form der Argumentation liegt, zu erkennen. Wenn Paulus V. 23 sagt: διάκονοι Χριστοῦ εἰσί; und darauf als „überwitzig Redender" (παραφρονῶν λαλῶ) zur Antwort giebt: ὑπὲρ ἐγὼ ἐν κόποις περισσωτέρως κ. τ. λ., so ist im Hinblick auf 11, 13—15 zunächst deutlich genug, daß der Apostel weit entfernt ist, die Be- treffenden überhaupt nur als διάκονοι Χριστοῦ anzuerkennen. Hiermit ist denn von selbst schon gegeben, daß Paulus seine Mühen und Leiden nur ironisch und scheinbar als Beweise für sein im höheren Grade Christi Diener Sein comparativisch an- führt. Der eigentliche Sinn ist, daß Paulus den Pseudoaposteln alles Recht auf ihren angemaßten Namen dadurch entziehen will, daß sie bei der Gegenüberstellung der unablässigen Verfolgungen, die ihn den Apostel treffen, selber beschämt als völlig entblößt vor diesem Gegenstande des Ruhmes dastehen. Denn, daß die judaisti- schen Parteiführer auch nur irgend etwas Erhebliches in dieser Be- ziehung hätten anführen können, was den Paulus hätte veranlassen können, wirklich ernsthaft sich hierin mit ihnen zu messen, ist im höchsten Grade unwahrscheinlich. Daß die Verkündigung eines ju- daistischen Evangeliums keine Verfolgung mit sich führe, spricht Paulus mit voller Kenntniß der Sachlage Gal. 5, 11 aus, uno die Apostelgeschichte giebt überall die Belege dazu, wie im Wesent- lichen unangefochten die gläubig gewordenen Juden in Jerusalem mit ihren ungläubig gebliebenen Landsleuten in demselben nationalen Verbande einträchtig beisammen lebten (cf. Act. 2, 45. 46; 5, 12. 13; 21, 20). Sicherlich werden nun doch Leute, wie die nach Korinth gekommenen Judaisten, welche sich nur ἐν ἀλλοτρίοις κόποις (10, 15), ἐν ἀλλοτρίῳ κανόνι εἰς τὰ ἕτοιμα (10, 16) rühmten, in Wahrheit irgend etwas von Beschwerden und Drang- salen haben aufweisen können, mit welchen sich Paulus anders als mit ironischer Anerkennung jener zu messen hatte veranlaßt fühlen können. Kann sich Paulus einen wahren Diener Christi nicht an- ders denken, als daß derselbe Menschen nicht gefällt (Gal. 1, 10): so wird er auch an unserer Stelle grade durch Hervorhebung seiner um Christi willen erduldeten Leiden den Lesern bemerklich gemacht haben, wie allein er, nicht jene Menschen zu gefallen bemühten

Pseudoapostel auf den Namen von Dienern Christi Anspruch
hätten.

Darf sich so Paulus auf der einen Seite als echten Apostel
dadurch ausweisen, daß er dem aus Schwachheit gekreuzigten Christus gleich, selber in aller Art von ἀσϑενεῖαι sein Wohlgefallen
finde, so ist er sich doch andererseits bewußt, dem „aus Gottes
Kraft heraus lebenden Christus" insofern anzugehören und
dessen Wesen an sich selber darzustellen, als er, der Apostel selber,
sich von Christi Kraft überschattet, dann vorzugsweise kräftig
weiß, wenn er schwach ist (13, 4; 12, 9. 10). In Folge seiner
Gemeinschaft mit dem die Herrlichkeit (δόξα) Gottes abspiegelnden
Christus fühlt sich Paulus mit einer Ueberfülle (ὑπερβολή) von
Kraft durch die göttliche Gnade ausgestattet, die ihn in allen ihm
drohenden Gefahren nicht allein aufrecht erhält, sondern auf Grund
welcher er grade bei der Aufreibung seines äußeren Menschen eine
Tag für Tag fortschreitende Erneuerung des inneren Menschen an
sich wahrnimmt (4, 7 ff.; 4, 16). Der von dem verklärten Herrn
ausgehende und den Paulus in seiner körperlichen Schwachheit
mächtig nach Oben emporziehende Geist gestaltet ihn immer mehr
und mehr um in das Bild des verherrlichten Christus selbst (3, 18;
4, 17), und so kommt nicht bloß die νέκρωσις, sondern auch die
ζωή Jesu an seinem sterblichen Leibe zur Erscheinung (4, 10. 11).
Da nun der Apostel immer bei seinem gesammten mit steten Leiden
verbundenen Wirken das himmlische Ziel vor Augen hat, bei welchem
angelangt sein Sterbliches vom Leben verschlungen sein wird (4, 8;
5, 4), da er in seinem gebrechlichen irdischen Zelthause, welches
ihm so viele Seufzer auspreßt, die stete Sehnsucht hegt, aus seinem
Körper auszuwandern und bei dem Herrn in der himmlischen Heimath zu sein (5, 4. 8): so darf es nicht Wunder nehmen, wenn
der jene himmlische Metamorphose erfahrende Paulus in Zustände
versetzt wird, die sich gewissermaßen als Anticipationen seiner künftigen verklärten Existenzform ansehen lassen. Es sind dies die
ὀπτασίαι und ἀποκαλύψεις κυρίου, auf welche Paulus, wenn
auch nur mit Widerstreben 12, 1 ff. zu sprechen kommt, um sie als
etwas ihm zum Ruhme Gereichendes mit Rücksicht auf seine Gegner den Lesern darzustellen.

Indem man nach dem Zwecke forschte, zu welchem Paulus
dieser Gesichte und Offenbarungen Erwähnung thue, so ist man
vielfach in der Bestimmung desselben auf Abwege gerathen, wie

denn diejenige Hypothese, welche vor 30 Jahren Schenkel aufgestellt hat, und die von mehreren Andern adoptirt ist, das Wesen der Christuspartei in Korinth nicht ferner von der Wahrheit darstellen konnte, als sie gethan hat, hauptsächlich auf einer falschen Auffassung des so eben in Rede zu ziehenden Punktes beruht. Es muß zunächst hervorgehoben werden, daß 12, 1—11 jeder Anhaltspunkt dafür fehlt, daß Paulus sich deßhalb seiner Visionen gerühmt habe, weil dies etwa die Gegner ebenfalls gethan hätten. Allerdings gehört jener Abschnitt zu dem größeren Passus, der 11, 21 mit den Worten: $\dot{\epsilon}\nu\ \ddot{\omega}\ \delta^{\prime}\ \ddot{\alpha}\nu\ \tau\iota\varsigma\ \tau o\lambda\mu\tilde{\alpha} \ldots \tau o\lambda\mu\tilde{\omega}\ \varkappa\dot{\alpha}\gamma\dot{\omega}$ beginnend, einen Wettstreit des Rühmens einzuleiten scheint, den man etwa als mit 12, 11 im Wesentlichen sich schließend ansehen kann. Allein, mußte es uns schon in Betreff der Drangsale und Leiden des Apostels durchaus unwahrscheinlich vorkommen, daß ihnen auf der Gegenseite irgend etwas Thatsächliches von Gewicht entsprochen habe, mit Bezug auf welches sich Paulus des Seinen als etwas Hervorstechenderen gerühmt hätte: so ist dies in noch weit höherem Maaße der Fall bei den Kap. 12 erwähnten Visionen desselben. Hatte man dort an dem $\dot{v}\pi\dot{\epsilon}\varrho\ \dot{\epsilon}\gamma\dot{\omega}$ und den Comparativen $\pi\epsilon\varrho\iota\sigma\sigma o\tau\dot{\epsilon}\varrho\omega\varsigma$, $\dot{v}\pi\epsilon\varrho\beta\alpha\lambda\lambda\dot{o}\nu\tau\omega\varsigma$ (11, 23) noch einen scheinbaren Anhaltspunkt, daß Paulus hier quantitativ das Seine mit dem Fremden vergleiche: so fehlt selbst ein solcher vollständig 12, 1—11. Denn, wenn Paulus auch V. 11 sagt: $o\dot{v}\delta\dot{\epsilon}\nu\ \gamma\dot{\alpha}\varrho\ \dot{v}\sigma\tau\dot{\epsilon}\varrho\eta\sigma\alpha\ \tau\tilde{\omega}\nu\ \dot{v}\pi\epsilon\varrho\lambda\dot{\iota}\alpha\nu\ \dot{\alpha}\pi o\sigma\tau\dot{o}\lambda\omega\nu,\ \epsilon\dot{\iota}\ \varkappa\alpha\dot{\iota}\ o\dot{v}\delta\dot{\epsilon}\nu\ \epsilon\dot{\iota}\mu\iota$, so kennen wir bereits diese Redeweise aus 11, 5 so vollständig, um in ihr etwas ganz Anderes zu sehen, als eine wirklich ernsthaft gemeinte demüthige Gleichstellung des Apostels mit seinen Gegnern. Die Worte sagen aus der Ironie in die schlichte Prosa übersetzt weiter nichts, als daß sich Paulus, wenn auch nicht durch sich selber, doch durch die göttliche sich an ihm verherrlichende Gnade den Pseudoaposteln so überlegen weiß, daß er sich nur des Unverstands der Leser willen überhaupt mit ihnen zusammenstellen kann, um dieselben in ihrer ganzen Nichtigkeit hinzustellen. Daß die Gegner selber Gesichte gehabt, oder sich deren auch nur gerühmt hätten, ist durch gar Nichts zu erweisen, oder auch nur als im Entferntesten wahrscheinlich zu erschließen. Paulus konnte seinen Zweck, die Gegner in ihrer ganzen inneren Unbedeutenheit zu zeichnen, gar nicht treffender erreichen, als wenn er einen Wettstreit des Rühmens mit ihren Vorzügen eröffnete, bei welchem nur im Beginn auf beiden Sei-

7 *

ten die Wage gleichsteht (in Betreff des für Paulus Aeußerlichsten
der Nationalität, 11, 22); dann schon bei den κόποις, da diese ja
bei den Gegnern im Grunde nur die κόποι des Paulus sind
(10, 15), der Werth der „Diener Christi" um ein erhebliches
sinkt, während im Weiteren bei Anführung der unablässigen Ver=
folgungen und Leiden, und schließlich bei den Gesichten und Offen=
barungen des Herrn die direkte Parallele zwischen Paulus und den
Widersachern aufhört. Je weniger aber die judaistischen Gegner
etwas aufzuweisen hatten, was identisch mit dem gewesen wäre,
auf Grund dessen es selbst für Paulus nahe lag, sich zu überheben,
wenn der Herr dem nicht vorgebeugt hätte (12, 7): desto schnei=
dender ist die Ironie der Worte, mit welchen Paulus den in Rede
stehenden Passus schließt: „ich bin unsinnig geworden; ihr habt
mich (zum Rühmen meiner Vorzüge) gezwungen. Denn ich sollte
von euch empfohlen werden. Denn ich stehe in Nichts nach den
übergroßen Aposteln, wenn ich auch nichts bin."

Ist nun aber auf Seiten der judaistischen Parteiführer das
Rühmen eines visionären Umganges mit Christo nicht vorauszu=
setzen: so liegt denn doch wahrlich nichts näher, als daß Paulus
eines solchen bei sich erwähnt, um es als ein weit überholendes
Aequivalent dem Χριστοῦ εἶναι der Gegner entgegen zu setzen.
Bestand der Ruhm der letzteren in einem genaueren Verhältniß zu
dem κατὰ σάρκα gekannten Christus: so stellte Paulus dieser
äußeren Gemeinschaft mit Christo erstens wie wir sahen seine aus
der unbedingten Aufopferung für Christi Sache hervorgehenden
Mühen und Leiden entgegen. Sie gaben den Beweis, daß Paulus
nicht mehr sich selber lebte, sondern dem für ihn gestorbenen
Christus. Zweitens aber auch seinen Verkehr mit Christus durch
Gesichte und Offenbarungen. Sie legten Zeugniß dafür ab, daß
er mit Aufgeben seines Sichselbstlebens, dem auferstandenen
Christus lebte. Wurde Paulus in Zustände versetzt, in denen ihm
die Verbindung mit seinem Leibe zweifelhaft war (cf. εἴτε ἐν
σώματι, οὐκ οἶδα, εἴτε ἐκτὸς τοῦ σώματος, οὐκ οἶδα, ὁ θεὸς
οἶδεν 12, 2. 3), in denen er wenigstens auf Momente in der Hei=
math beim Herrn zu sein gewürdigt wurde, und eine paradiesische
Seligkeit empfand (B. 4): so war hiemit ja für die wohlgesonnenen
Leser vom Apostel seinen Widersachern gegenüber das apologetische
Argument an die Hand gegeben, daß Paulus in einem um so höhe=
ren Grade Christo angehören müsse im Unterschiede von seinen

Gegnern, die sich nur auf eine irdisch=sarkische Verbindung mit jenem berufen konnten, als der Himmel höher sei als die Erde. Nur wenn man die Sachlage unter diesem Gesichtspunkt auffaßt, wird der Zweck des Abschnittes 12, 1—11 vollkommen verständlich.

Nur wenn Paulus bei dem eingegangenen Wettstreite seinen Wider= sachern nichts als die echt israelitische Abkunft, und damit verbun= den ihre äußere irdische Verbindung mit Christo als Davidssohn κατὰ σάρκα zugesteht, dagegen indirekt den Beweis liefert, daß sie weder mit dem gekreuzigten noch mit dem auferstandenen Chri= stus in innerer geistiger Lebensgemeinschaft stehen, die denn auch in unabläßigen selbstverleugnenden mit Christo Leiden und in öfte= ren Entrücktwerden zu dem himmlisch Verklärten zur Erscheinung kamen, wie Beides bei ihm selber der Fall sei: hört der Apostel in seiner Selbstvertheidigung auf, die traurige Rolle zu spielen, die ihm Beyschlag beilegt, wenn er ihn an allen Punkten dem Quan= tum der Widersacher ein Plus seinerseits entgegensetzen läßt, um schließlich bei den Lesern das zu bewirken, daß sie ihn doch mit den übergroßen Aposteln auf eine Linie stellen möchten. Wenn Bey= schlag ferner behauptet, Paulus habe sich nicht auf Gesichte und Offenbarungen berufen können, um seine a p o s t o l i s c h e V o l l= m a c h t zu erreichen, da jene Zustände als specifisch den (neutesta= mentlichen) Propheten zukommend, nur ausgereicht hätten, um des Paulus Eigenschaft als Propheten zu erweisen: so ist hierauf zu erwidern, daß es sich im 2. Korintherbriefe allerdings zwischen Paulus und seinen Gegnern kaum um seine apostolische Vollmacht gehandelt habe. Aber nicht etwa aus dem Grunde, weil die judai= stischen Parteihäupter dieselbe anerkannt hätten, sondern weil sie dem Paulus noch w e i t w e n i g e r zugestanden, als daß er ein Apostel sei. Denn, wenn er von seinen Gegnern als ein solcher angesehen wurde, der Christo nicht angehöre, wenn ihm selbst der Name eines διάκονος Χριστοῦ abgesprochen wurde: so kam es natürlich den ein anderes Evangelium nach Korinth bringenden Pseudoaposteln noch weit weniger in den Sinn, in Paulus einen Apostel zu sehen. Dieser Stellung seiner Gegner gegenüber ist begreiflicher Weise auch die Vertheidigung des Apostels. Das, was er in seinem Briefe zu erweisen sucht, ist das, daß er Christo angehört und daß er ein Diener desselben sei. Hiemit verzichtet er natürlich nicht darauf, seine wahre Apostolicität zu erweisen; denn indem er sich als einen Diener des Neuen Bundes, als einen

Diener der Versöhnung, als einen unmittelbaren göttlichen Bot=
schafter für Christus darstellt und auf seine weit umfassenden Er=
folge und Triumphe, Leiden und Visionen hinweis't: so giebt er
schon in allem diesen Material genug an die Hand, um ihn zu=
gleich als einen wirklichen Apostel anzuerkennen. Daß sich Paulus,
um seine apostolische Vollmacht zu erweisen, immer auf die damas=
kenische Erscheinung des Auferstandenen berufen müsse, ist eine
ganz grundlose Voraussetzung. Denn, da Paulus den Vorzug, den
Auferstandenen gesehen zu haben, mit mehr als fünfhundert Brü=
dern theilte (1 Kor. 15, 6): so war jenes Argument Gegnern gegen=
über, die so geringschätzend von Paulus dachten, wie die judaistischen
des 2. Korintherbriefes, keineswegs so überführend, als man sich
dies einbildet. Daß übrigens Paulus, indem er 11, 23 bis 12, 11
mit Rücksicht auf seine Widersacher von sich erweis't, daß nur er im
vollen und wahren Sinne ein διάκονος Χριστοῦ sei, zugleich
seine apostolische Würde vertheidigt habe, geht unverkennbar aus
12, 12 hervor, wo er im Gegensatz gegen die ὑπερλίαν ἀπόστολοι
hervorhebt, daß die σημεῖα, Merkzeichen eines Apostels (durch ihn,
den Paulus) unter den Korinthern bewirkt sein in aller Stand=
haftigkeit (ὑπομονῇ), in Zeichen (σημείοις), Wundern (τέρασι)
und Kraftäußerungen (δυνάμεσι). Weis't die ὑπομονή auf die
Mühen und Nöthe zurück, deren Paulus zuvor Erwähnung gethan
hat, um sich als wahren Diener Christi zu erweisen, so sind die
σημεῖα, τέρατα und δυνάμεις den ὀπτασίαι und ἀποκαλύψεις
insofern verwandt, als Paulus sie beiderseits sicher als Wirkungen des
ἐκ δυνάμεως θεοῦ lebenden Christus ansieht. Wir haben also
auch hier wieder, wo Paulus ausdrücklich seine apostolische Voll=
macht zur Anerkennung bringen will, die Berufung auf seine Ge=
meinschaft mit dem „aus Schwachheit gekreuzigten" und „aus
Gottes Kraft heraus lebenden" Christus, als deren nach Außen hin
sichtbare Früchte, einerseits das geduldige aufopfernde Ausharren in
allen um Christi willen zu übernehmenden Arbeiten und zu tragen=
den Widerwärtigkeiten, andererseits der Vorgeschmack der von dem
verklärten Christus besessenen Seligkeit und eine partielle Theil=
nahme an seiner messianischen Machtfülle erscheinen.

Kämpft nun aber Paulus im zweiten Korintherbriefe theils
indirekt, theils direkt für seine apostolische Würde: so fragt sich
doch, ob er es in einer solchen Weise thut, daß man daraus ent=
nehmen könnte, seine Gegner hätten gegen ihn die apostolische Aucto=

rität der Urapoſtel, namentlich des Petrus, für ſich geltend gemacht.
Da dies eine derjenigen Behauptungen Baur's iſt, durch die er na=
mentlich die Identität der Petrus = und Chriſtuspartei zu erweiſen
ſucht, ſo verdient ſie mit einigen Worten beſprochen zu werden. Daß
Paulus unter den ὑπερλίαν ἀπόστολοι nicht die jeruſalemitiſchen
Urapoſtel verſtanden haben kann, dies noch näher zu erweiſen dürfte
beinahe überflüſſig ſein, da wir auf unſere Auslegung der Stellen,
wo ſich der betreffende Ausdruck findet II, 11, 5; 12, 11, einfach
zu verweiſen brauchen. Wenn nemlich irgend etwas klar iſt, ſo iſt
es das, daß Paulus mit dieſer Bezeichnung keine Anderen gemeint
habe, als die nach Korinth gekommenen Häupter der Oppoſitions=
partei. Denn Cap. 11, 5 ſind die ὑπερλίαν ἀπόστολοι doch keine
anderen Perſonen, als der collektiviſch zu verſtehende ἐρχόμενος
B. 4, hinter dem Paulus in ironiſcher Sprache in keinem Stücke
zurückzuſtehen behauptet. Nur dieſe kann derſelbe im Auge gehabt
haben, wenn er ſich vergleichsweiſe B. 6 einen ἰδιώτης τῷ λόγῳ,
ἀλλ᾽ οὐ τῇ γνώσει nennt. Denn von der Rednergabe der Jeru=
ſalemitiſchen Apoſtel wußten doch wohl nur ſehr Wenige der Korin=
thiſchen Gemeinde ſo Großes zu rühmen, daß ſie deßhalb den Paulus
gegen jene zurückgeſtellt haben ſollten. Um ſo mehr Beſtechendes
aber muß für einen Theil derſelben das verführeriſche Rednertalent
der in Korinth auftretenden judaiſtiſchen Pſeudoapoſtel, die ein anders=
artiges Evangelium dort predigten (B. 4), gehabt haben, da Paulus
es für nöthig hielt, ihnen in Betreff ihres λόγος, aber keineswegs
in Anſehung* der γνῶσις den Vorrang einzuräumen. Ebenſo wie
hier liegt aber die Sache auch Cap. 12, 11, wie wir früher aus=
führlich gezeigt haben.

Allein ſind auch die ὑπερλίαν ἀπόστολοι in keinem Falle die
Urapoſtel, ſo wäre es ja an ſich möglich geweſen, daß die Haupt=
wortführer der korinthiſchen Judaiſten, obgleich ſie in der betreffen=
den Gemeinde mit einer gewiſſen Selbſtſtändigkeit, Begabung und
nicht geringem Selbſtbewußtſein auftraten, ſich dennoch die Auctori=
tät jener zu Nutze gemacht hätten, um den Werth und die Bedeu=
tung ihrer eigenen Perſon zu ſteigern. So hat man denn dafür,
daß die judaiſtiſchen Parteihäupter ſich als Mandatare der Apoſtel
der Muttergemeinde in Jeruſalem ausgegeben hätten, ſich auf 2 Kor.
3, 1 berufen. Aus derſelben geht allerdings hervor, daß die Führer
der Oppoſitionspartei mit Empfehlungsbriefen nach Korinth gekom=
men waren. Fragt man, woher ſie dieſelbe empfangen hatten: ſo

liegt allerdings keine Antwort näher, als: aus Jerusalem. Denn von welcher anderen Gemeinde ist es vorstellbar, daß von ihr ausgestellte Empfehlungsbriefe auf die korinthischen Christen irgend welchen nennenswerthen Eindruck machen konnten, als von der jerusalemitischen? Freilich da aus derselben Stelle 3, 1 hervorgeht, daß sich Gewisse auch von der korinthischen Gemeinde Empfehlungsbriefe nach anderswohin ausstellen ließen, da die Pseudoapostel sich Paulinischer Missionserfolge als ihrer eigenen rühmten: so könnte man mit einem gewissen Schein von Berechtigung die Möglichkeit geltend machen, daß dieselben von der judenchristlichen Fraktion irgend einer anderen ursprünglich von Paulus gestifteten Gemeinde, in der sie als Eindringlinge sich ein gewisses Ansehen zu verschaffen gewußt hatten, solche Empfehlungsbriefe nach Korinth erhalten haben könnten. Allein man begreift doch nur sehr schwer, wie jene Ankömmlinge sich von diesen durch Gruppen oder mehr oder weniger obskure Persönlichkeiten ursprünglich Paulinischer Gemeinden ausgefertigten Introduktionsschreiben in Korinth, dieser großen heidenchristlichen von Paulus gestifteten, so sorgsam gepflegten und immerhin doch in ihrer großen Mehrzahl mit treuer Anhänglichkeit zu ihm stehenden Gemeinde, irgend welchen erheblichen Nutzen hätten versprechen dürfen. Am bei Weitem am meisten natürlich wird daher ohne allen Zweifel immer die Annahme bleiben, daß die Hauptwidersacher des Paulus aus Jerusalem gekommen und von dort her mit Empfehlungsbriefen ausgestattete Persönlichkeiten gewesen seien. Erwägt man weiter, von wem dort diese Introduktionsschriften etwa ausgefertigt sein mochten: so hat man allerdings noch kein Recht, sich die Sache so vorzustellen, als hätten die Urapostel selber den Betreffenden derartige Dokumente ausgestellt, durch welche diese von vorneherein für berechtigt erklärt worden wären, in die korinthische Gemeinde „einzubrechen", den Paulus selber sammt seinem Evangelium von dort zu verdrängen, und ein gesetzliches Christenthum daselbst einzuführen. Allein zwischen vollkommen unabhängig Auftreten, und in der so eben bemerkten Weise als legitimirte Delegaten der Urapostel sich Geriren, liegt denn doch noch ein Anderes in der Mitte. Man wird es nemlich doch schwerlich für so unwahrscheinlich erklären können, daß ursprüngliche Glieder der jerusalemitischen Urgemeinde, welche nach dem Maaße der dort geltenden gesetzlichen Frömmigkeit gemessen nicht geringe Achtung besaßen, daneben durch einen gewissen rührigen Bekehrungseifer (vergl. II, 10, 14 ff.) und

durch Rednergabe (II, 11; 5) hervortraten, auch innerhalb der Mutter=
gemeinde bisher nicht in die Lage gekommen waren, solche sittliche
Flecken zu zeigen, wie später bei ihrer fanatisch=oppositionellen Stel=
lung in Korinth zu Tage traten, sei es von der jerusalemitischen
Gemeinde, sei es von einem oder mehreren Aposteln daselbst Briefe
könnten erhalten haben, in denen sie wegen ihres Glaubens, ihres
Eifers um Christi Sache, ihrer gesetzlichen Lebensweise als guter
Aufnahme würdige Brüder den korinthischen Christen aus der Be=
schneidung empfohlen wurden. Selbst das ließe sich wohl durch ein
analoges Beispiel aus der Geschichte des Urchristenthums plau=
sibel machen, daß jenen judenchristlichen Reisepredigern, sei es schrift=
lich, sei es mündlich, anempfohlen wurde, unter anderen auch die
korinthischen Brüder aus der Beschneidung vor einer zu nahen Be=
rührung mit ihren heidenchristlichen Genossen zu warnen und sie zu
einem möglichst engen Festhalten und Anschluß an das Gesetz ihrer
Väter zu ermahnen. Denn wenn schon die $\tau\iota\nu\grave{\epsilon}\varsigma$ $\grave{\alpha}\pi\grave{o}$ Ἰακώβου
nach Gal. 2, 12 ff., doch wohl nicht ganz ohne alle, wenn auch nur
indirekte, Betheiligung dieses Apostels, die dort geschilderte Sepa=
ration in der antiochenischen Gemeinde hervorbrachten, so daß selbst
Barnabas und Petrus in das judenchristliche Lager übergingen,
schwerlich aus Furcht vor den $\tau\iota\nu\acute{\epsilon}\varsigma$ selbst, sondern vor deren Be=
richt an den Jacobus, den Bruder des Herrn: so mochte dieses
nemliche Oberhaupt der jerusalemitischen Gemeinde mit nicht allzu
günstigen Augen auf die korinthischen Gemeindeverhältnisse hinblicken,
zumal da selbst Paulus im ersten Briefe an sie so viele Reste von
heidnischem Sündenwesen zu strafen hat, und das vergrößernde ju=
daistische Gerücht die dortigen Zustände in sehr dunkeln Farben nach
Jerusalem hinbefördern mochte. Nimmt man somit auch nur einen
loseren ursprünglichen Zusammenhang der judaistischen Ankömmlinge
in Korinth etwa mit Jacobus und dessen Geistesverwandten an, so
konnten jene in einer so stark zum Libertinismus und Antinomismus
hinneigenden Gemeinde, wie laut des ersten an sie gerichteten pau=
linischen Briefes die korinthische war, leicht durch die dort obwalten=
den Verhältnisse dazu veranlaßt werden, ihre Befugnisse weit zu
überschreiten, und sich in ihrer fanatischen Erhitzung gegen den Paulus
und dessen Ansehen daselbst als mit voller Zustimmung der Ur=
apostel Handelnde geriren, ohne dazu mehr als ein rein subjekti=
ves Recht zu besitzen, und ohne daß man ihren durch die Opposition
gewonnenen schneidend=schroffen judaistischen Standpunkt mit dem

urapoſtoliſchen ſelbſt zu ibentificiren ober gar für ihre von ben
Leibenſchaften bes Ehrgeizes, ber Herrſchſucht u. ſ. w. geleiteten
Machinationen biejenigen verantwortlich zu machen bas Recht hätte,
mit benen ſie einſt in Zuſammenhang geſtanben, unb von benen ſie
ihren Ausgang genommen hatten. Dies iſt bas Aeußerſte, was
Stellen wie 2 Kor. 3, 1; 11, 4. 22; 5, 12. 16 als möglich zu
ſtatuiren geſtatten. Ein Mehreres in ſie hineinzulegen, bazu wirb eine
beſonnene Exegeſe unb eine unparteiiſche Auffaſſung ber urgeſchichtlichen
Verhältniſſe ſich nicht verſtehen können. Hätte nemlich Paulus in bem
zweiten Korintherbriefe bie Urapoſtel unb beren Standpunkt wirklich
b i r e k t angegriffen: ſo wäre es baneben unbegreiflich, wie er in Cap. 8
unb 9 mit ſo erſichtlich großer innerer Betheiligung unb ſo viel
warmem Eifer bie Collekte für bie Heiligen in Jeruſalem ſollte be-
trieben unb ſich namentlich bas Cap. 9, 12 — 14 Geäußerte von
ihr verſprochen haben. Die Hoffnung auf eine Verſtänbigung unb
Ausgleichung mit ber jubenchriſtlichen Urgemeinbe hat Paulus, ſo-
weit wir ſeine Wirkſamkeit verfolgen können, nie aufgegeben. Um
ſo weniger bürfen wir baher gewiſſe Stellen bes zweiten Korintherbriefes ſo interpretiren, baß ber Apoſtel bamit ein für alle Mal
eine unausfüllbare Kluft zwiſchen ſich unb ſeinen Amtsgenoſſen in
Jubäa befeſtigt haben würbe.

Wir glauben hiermit Alles, was uns ber zweite Brief an bie
Korinther barbietet, verwenbet zu haben, um uns ben bogmatiſchen
Standpunkt, bas Auftreten, bie Mittel ihrer Polemik, bie perſönlichen Bezüge ber antipauliniſchen Oppoſitionspartei ſo anſchaulich
wie möglich zu machen. Es bleibt uns noch übrig, bas Wenige zu-
ſammenzuſtellen unb mit bem bisher Ermittelten zu vergleichen, was
ber erſte Korintherbrief uns in bieſer Beziehung an bie Hanb giebt.
Wir werben babei Gelegenheit finben, bas Verhältniß ber Chriſtuspartei zu ben Petrinern näher zu beſtimmen, über bie Entſtehung
jener unb über ihre Fortſchritte unſere Anſichten mitzutheilen unb
zu begrünben.

Daß zu ber Zeit, ba Paulus unſeren erſten Brief an bie
korinthiſche Gemeinbe ſchrieb, bieſe letztere ſchon in vier Parteien ge-
ſpalten war, barauf führt ber einfache Wortlaut von Cap. 1, 12.
Wir verſagen uns hier, über bie Entſtehung, Richtung, Tenbenzen
ber Paulus- unb Apollopartei neue Unterſuchungen anzuſtellen. Nur
über biejenigen, bie ſich nach Kephas nannten, ſinb wir genöthigt,
ein paar Worte zu ſagen, ba ſie nach unſerer Ueberzeugnng ben

Christinern nahe standen, und die Genesis der letzteren Partei ohne
die erstere sich nicht wohl deutlich machen läßt.

Die Apostelgeschichte erzählt uns, daß Paulus bei seinem ersten
Auftreten in Korinth sowohl Juden als Hellenen zum Christenthume
bekehrt habe. (Act. 18, 4: ἔπειθέ τε Ἰουδαίους καὶ Ἕλληνας.)
Somit enthielt die dortige christliche Gemeinde von Anfang an einen,
wenn auch wohl nicht großen (vergl. Act. 18, 6), judenchristlichen
Bestandtheil. Daß dieser in späterer Zeit, als die große heiden=
christliche Mehrzahl theils mit dem Namen des Paulus, theils mit
dem des Apollo einen ungebührlichen Cultus zu treiben anfing, sich
enger zusammen= und damit gegen die letztere abzuschließen suchte,
lag in der Natur der Verhältnisse. Nahmen sich die Einen den
Paulus, die Anderen den Apollo zu Vorbildern, zu Typen, in denen
sie in exklusiver Weise ihr Glaubensbewußtsein, ihre sittliche Lebens=
norm ausgeprägt fanden: so schien auch die kleine judenchristliche
Abtheilung der Gemeinde eines Repräsentanten nicht entbehren zu
können, in dem sie ihren religiös=sittlichen Standpunkt verkörpert
sah. Nur fand sie in ihrer eigenen Mitte kein Haupt, zu dem sie
ähnlich, wie Andere zu dem Paulus und Apollo, in ein Abhängig=
keitsverhältniß hätte treten können. Sie wandte daher ihren Blick
nach auswärts, nach der Muttergemeinde des stammverwandten
Judenchristenthums, um sich von dort den Petrus, freilich nicht zu
einem persönlich gegenwärtigen, aber doch zu einem, wenn man so
sagen darf, ideellen Gewährsmann, Schutzpatron und Oberhaupt zu
verschaffen. Zwischen der großen Handelsmetropole und Jerusalem
fand ein sehr lebhafter Wechselverkehr Statt. Von letzterem Orte
ausgezogene judenchristliche Missionäre mögen den Wünschen ihrer
stammverwandten Brüder in Korinth entgegengekommen sein, und
als eigentliche Schüler des Petrus dessen Lehr= und Lebensanschauung
dort eingebürgert haben. Auch ursprünglich korinthische Judenchristen
mögen nach der jüdischen Hauptstadt gereist, dort in der Unter=
weisung des Petrus das gefunden und wieder in ihre Heimath zu=
rückgebracht haben, was ihren nationalen Gewohnheiten und An=
schauungen näher stand, und woran sie der großen heidenchristlichen
Mehrheit in Korinth gegenüber festzuhalten, worin sie sich in dem=
selben Maaße mehr abzuschließen gedrungen fühlten, als jene ihnen den
Boden des genuinen Christenthums mehr und mehr zu verlassen
schien. Will man nicht zu der höchst unwahrscheinlichen Annahme
fortschreiten, daß die ganze korinthische Kephaspartei eine aus Judäa

ausgewandterte Kolonie von wirklichen Petrusschülern gewesen sei, sondern beschränkt man sich vernünftiger Weise darauf, nur Einige, wenn auch vielleicht die Hauptwortführer jener, als solche gelten zu lassen: so kann die Parole: ἡμεῖς Κηφᾶ ἐσμέν, als von der ganzen Partei ausgesprochen, nur haben sagen wollen, daß sie in Petrus den ersten und normalen Typus*) des Christenthums anerkenne, zu ihm in dem Verhältnisse lernender, nachahmender, fügsamer, verehrender Abhängigkeit stehe, und verharren wolle. Ob zu der judenchristlichen Partei von der Zeit an, wo sie den Namen des Kephas sich beilegte, auch ursprüngliche Heidenchristen getreten seien, wissen wir allerdings nicht. Die Möglichkeit aber wird man nicht bestreiten können, daß bekehrte Heiden von einem schwachen ängstlichen Gewissen dort eine gesichertere Stätte vor einem Rückfall in das dämonische Reich der Finsterniß zu finden vermeint hätten, wo gegen alles ethnische Wesen entschiedener Front gemacht, heidnische Opfermahlzeiten und aphrodisische Gräuel verabscheut wurden, der Verkehr mit den 'Ungläubigen und Götzendienern auf das äußerste Minimum sich beschränkte, oder ganz unterblieb.

Indem Judenchristen, vielleicht vereinzelte Heidenchristen, sich unter der Aegide des Namens des Petrus enger zusammenschlossen, separirten sie sich allerdings von den Paulinern und Apolloniern, in deren Reihen die Devise: Πάντα ἔξεστι in sehr bedenklicher Weise zur Geltung gebracht wurde (1 Kor. 6, 12; 10, 23), allein sie lehnten damit die Auctorität des Paulus selbst noch nicht ab und schlossen ihn gradeswegs aus der Zahl der Apostel aus. Dies ist keine Vermuthung, sondern eine Thatsache, die aus den Quellen erwiesen werden kann. Der erste Korintherbrief nemlich legt unverkennbar davon Zeugniß ab, daß, wo Paulus auf die dortigen Parteiverhältnisse Bezug nimmt, es vor Allem die Apollopartei ist, welche wegen ihres übertriebenen Werthlegens auf die Verkündigung des Evangeliums in Formen hellenischer Weisheit den Tadel des Apostels sich zuzieht, wogegen Stellen, wo die Petriner erwähnt werden, schon überhaupt spärlicher zu finden, und eben diese so gehalten sind, daß wir aus ihnen den Schluß zu ziehen die Berechtigung haben, die Stellung der nach Kephas sich nennenden Genossenschaft gegen Paulus und sein Evangelium sei keineswegs schrofferer, vollkommen abstoßender Natur gewesen. Es wird nöthig

---

*) Vergl. Röm. 6, 17: Philipp. 3, 17; 1 Kor. 4, 17.

sein, das Gesagte durch Hinweis auf die einschlagenden Stellen des
ersten Briefes näher zu begründen.

Daß die Polemik, welche der Apostel von Cap. 1, 13 bis zum
Ende des vierten gegen das in Korinth überhand nehmende Partei=
wesen richtet, vorzugsweise die Anhänger des Apollo traf, welche, von
der kunstlosen Form das Evangelium zu predigen, wie sie dem Pau=
lus eigenthümlich war, unbefriedigt, eine mehr griechischer Weisheit
(wenn auch vorwiegend nur in formeller Beziehung) entsprechende
Lehrform anstrebten und beanspruchten, ist heutiges Tages so gut
wie allgemein anerkannt, und kann namentlich im Hinblick auf Cap. 3,
4—9; 4, 6; 3, 22 nicht bezweifelt werden. Innerhalb dieser po=
lemischen Ausführung ist es aber von Bedeutung, daß Paulus, in=
dem er die Leser von der Ueberschätzung menschlicher Individuali=
täten und der einseitigen Bevorzugung gewisser Lehrer zurückbringen
und sie zu einem weitumfassenden Universalismus emporheben will,
neben sich und dem Apollo auch den Kephas als einen solchen nennt,
der den Korinthern angehöre, dessen besondere Begabung ihnen also
auch zur Aneignung empfohlen wird. Πάντα γὰρ ὑμῶν ἐστι, εἴτε
Παῦλος, εἴτε Ἀπολλὼς εἴτε Κηφᾶς . . . πάντα ὑμῶν ἐστιν,
3, 21—22. Es läßt dies darauf schließen, wie Paulus den Stand=
punkt, die Lehrindividualität des Petrus nicht bloß, wie es Gal. 2,
7—9 erscheint, innerhalb der judenchristlichen Gemeinden
als eine berechtigte anerkannt, sondern daß er ihm selbst inmitten
einer so überwiegend heidenchristlichen Gemeinde, wie
die korinthische war, seinen gebührenden Werth nicht schmälern will.
Dies würde von dem Apostel in keinem Falle so unbefangen und
bereitwillig zugestanden worden sein, wenn der Name des Petrus
für die sich nach ihm nennende Partei zu einem Schibboleth aggres=
siver fanatischer Opposition gegen den Paulus und das von ihm in
Korinth gegründete Evangelium geworden wäre. Denn so weit
sonst auch Paulus die Kreise seines Universalismus ziehen mag: so
hat dieser doch da entschieden seine Grenze, wo jener die ἀλήθεια
τοῦ εὐαγγελίου und die ἐλευθερία seiner Gemeinden bedroht und
in Frage gestellt sieht. (Gal. 2, 5; 5, 1—13; 2 Kor. 3, 17.)

Dafür, daß die Kephaspartei sich in einer gewissen bescheidenen
und maaßvollen Abgeschlossenheit dem großen heidenchristlichen Theile
der Gemeinde gegenüber gehalten, keineswegs irgendwie Gefahr
drohende Anstrengungen gemacht habe, um durch Gewalt in unge=
stümerer Weise ihre Grundsätze Anderen aufzudrängen, kann auch

weiter noch das angeführt werden, daß man im ersten Briefe an die Korinther kaum solchen polemischen Ausführungen des Apostels begegnet, die die eigentlichen Kernpunkte des Galater- und Römerbriefes bilden, wie über Gesetz und Evangelium, Glauben und Werke, und was sich hieran naturgemäß anschließt. Der erste Korintherbrief unterscheidet sich dadurch so merklich von den gedachten Sendschreiben des Paulus, daß er von einer Position aus geschrieben ist, die von der dort dem Apostel durch die Lage der Dinge angewiesenen entschieden abweichend ist. Während nemlich Paulus anderswo in der Lage ist, für den Universalismus und die Freiheit seines Evangeliums gegen judenchristliche Bedenken und judaistische Zumuthungen und Angriffe auf das Energischste eintreten zu müssen: nöthigt ihn bei der Abfassung des ersten Korintherbriefes die Lage der Verhältnisse, nach der entgegengesetzten Richtung hin mit seiner Polemik sich zu wenden. Ohne Zweifel drohte augenblicklich der Gemeinde weit überwiegend ein Zurücksinken mancher ihrer Glieder in ihr früher heidnisches Wesen, ein Mißbrauch der evangelischen Freiheit, ein Bestreben, sich in idealistischer Ueberhebung heilsamen Schranken der Zucht und der Ordnung zu entziehen, während die Gefahr des Gegentheiles nach allen Andeutungen sehr gering gewesen sein muß. Denn, wenn auch gelegentlich einmal der Apostel (Cap. 7, 18) den Heidenchristen die Weisung giebt, sich nicht beschneiden zu lassen, so zeigt doch die ganze Umgebung, in welcher jene vorkommt (man vergl. in demselben Verse die Abmahnung für die Beschnittenen: μὴ ἐπισπάσθω und die Motivirung für V. 18 in V. 19), wie gering ihm damals noch die Gefahr erschien, daß ein fanatisch judaistisch-gesetzliches Wesen in der Gemeinde Eingang finden könnte. Namentlich spricht auch die citirte Stelle 7, 18 weit mehr dagegen, als dafür, daß von der judenchristlichen Seite bereits eine irgendwie planmäßige Bearbeitung der Gemeinde in gesetzlichem Sinne, deren letztes, wenn auch unausgesprochenes, Ziel die Beschneidung gewesen wäre, begonnen, oder einen irgend beunruhigenden Charakter angenommen hätte. Man dürfte sonst mit Recht erwarten, daß Paulus, wie sonst überall, so auch hier solchen Tendenzen von vorneherein mit Nachdruck und principieller Entschiedenheit entgegen getreten wäre. Dies ist nun aber so wenig für den Apostel indicirt, daß er vielmehr sich weit öfter in der Lage sieht, das „schwache Gewissen" gegen den rücksichtslosen Uebermuth der „Starken" in Schutz zu nehmen, als für die berechtigte

Freiheit gegen das Richten engherziger Brüder einzutreten. (Vergl.
1 Kor. 8, 7—13; 10, 14—33; 13, 1 ff.) An diesen Stellen er=
scheinen die Kephaspriester, — denn zu diesen dürfen wir doch ge=
wiß Manche derjenigen rechnen, welche als mit einem schwachen
Gewissen behaftete, der Gnosis entbehrende Brüder bezeichnet wer=
den, — weit überwiegend wie des Schutzes Bedürftige, als daß
Andere vor ihrer Zudringlichkeit, vor der Zumuthung, sich dem mo=
saischen Gesetze zu accommodiren, zu schützen gewesen wären. —
Nehmen wir endlich hinzu, wie Paulus sich Cap. 15, 8—9 un=
befangen den älteren Aposteln als ἔκτρωμα, als „Kleinster der Apostel,
der nicht werth sei, Apostel zu heißen", zur Seite, ja gewissermaßen
nach stellt: so führt uns Alles darauf, daß von der Partei in Ko=
rinth, welche sich nach Kephas nannte, der letztgenannte Apostel
selbst noch nicht in einen schrofferen und feindseligen Gegensatz zu
Paulus gestellt worden war.

Mit dieser bisher in Betracht gezogenen Lage der Dinge, wie
sie uns der erste Korintherbrief an die Hand giebt, steht nun im
Gegensatz eine apologetische Ausführung des Paulus im neunten
Capitel desselben Briefes, die uns auf eine schärfere Opposition,
welche sich bereits innerhalb der Gemeinde gegen den Apostel zu
bilden anfing, hinführt. Es ist Cap. 9, 1 ff., an welcher Stelle
jener seine in Frage gestellte apostolische Auctorität gegen Wider=
sacher entschieden zu wahren genöthigt wird. Der Apostel hat im
achten Capitel in Beziehung auf das Essen von Opferfleisch den
Kanon zur Geltung gebracht, daß der Christ sich oftmals in der
Lage sähe, aus Rücksicht auf das Gewissen eines schwächeren Bru=
ders von der Anwendung einer ihm an und für sich zustehenden
Befugniß abstehen zu müssen. Paulus schließt 8, 13 seine Erörte=
rung damit, daß er sich selber zu den äußersten Opfern bereit er=
klärt, wo es sich um einen bei einem Bruder zu vermeidenden An=
stoß handelt. Dies führt den Apostel auf einen speciellen Fall, in
welchem er sich den Lesern als einen solchen darstellen kann, welcher
auf eine ihm in seinem apostolischen Amte zustehende Freiheit Ver=
zicht leiste. Allein derselbe weiß zugleich, daß es in der korinthischen
Gemeinde nicht an gewissen Leuten fehlt, welche ihm die mit seinem
Apostolate verbundenen Prärogative, sich seinen Lebensunterhalt von
der Gemeinde suppeditiren zu lassen, aus dem Grunde absprechen,
weil sie die apostolische Würde selbst ihm nicht zugestehen
wollen. Darum nimmt Paulus, indem er den Lesern seine voll=

kommen kostenfreie und uneigennützige Verkündigung des Evangeliums als eine That der auf ein gutes Recht resignirenden Selbstverleug= nung vor Augen stellen will, den Einwand vorweg, daß er kein wahrer legitimer Apostel sei (9, 1—3). Er erweist sich hier da= durch als einen echten den übrigen Aposteln gleichstehenden Apostel, daß er geltend macht, wie er Jesum Christum gesehen habe, und wie die korinthische Gemeinde selbst das beglaubigende Siegel seiner apostolischen Botschaft sei.

Es fragt sich nun, welcher von den 1 Kor. 1, 12 namhaft ge= machten Parteien können wir mit irgend welcher Wahrscheinlichkeit die offene Bestreitung und Ablehnung der apostolischen Vollmacht des Paulus zuschreiben? Bekanntlich bezieht sie Baur auf Grund von Cap. 9, 5 auf die Kephaspartei. Allein wenn auch die übrigen Apostel, die Brüder des Herrn, und speciell Petrus den Herrn ge= sehen und in unmittelbar persönlicher Verbindung mit ihm gelebt haben, und Paulus diesem äußeren geschichtlichen Zusammenhang die ihm gewordene Erscheinung des auferstandenen Christus als einen ihn jenen gleichstellenden Vorzug gegenübersetzt: so folgt wohl. so viel aus dieser Stelle, daß den die apostolische Auctorität des Paulus ablehnenden Widersachern die älteren Apostel und die Brü= der des Herrn als die höchsten legitimen Vertreter der Sache Christi galten; dagegen daß die Betreffenden, welche in ihrem Widerspruche gegen den Paulus so weit gingen, zu der Kephaspartei gehört hät= ten, läßt sich doch nicht erweisen. Wenigstens berechtigt uns zu diesem Schlusse Alles, was sich uns bisher über das Wesen dieser Partei als wahrscheinlich herausgestellt hat, entschieden nicht. Da= gegen führt uns die zum Verständniß der Cap. 9, 1 ff. vorliegenden Selbstapologie zu machende Voraussetzung, daß gewisse Widersacher des Apostels dessen Uneigennützigkeit so zu deuten bemüht gewesen seien, er habe zu der Rechtmäßigkeit seines Apostolats selber nicht dasjenige Zutrauen, welches ihn die damit verbundenen Prärogative geltend machen lasse, in den Umkreis von 2 Kor. 10, 7—15; 12, 13, wo uns eine schroffere Art von judaistischen Gegnern, als die Pe= triner waren, entgegengetreten ist, bei denen wir eine ganz ähnliche Insinuation antrafen. Es stünde also nichts im Wege, wenn wir die polemische Beziehung von 1 Kor. 9 nicht auf die Kephaspartei beziehen, sondern, — da wir natürlich von der Apollo= und Paulus= partei absehen müssen, — an eine vierte denken, deren Spuren wir im ersten Korintherbriefe noch nicht verfolgt haben, und über die wir das Wenige, was dieser etwa darbietet, zusammenstellen müssen.

Daß in der Hauptstelle des ersten Korintherbriefes 1, 12, wo Paulus seine ihm jüngst zu Theil gewordenen Mittheilungen über die in der Gemeinde eingedrungenen Parteiungen referirt, nicht Paulus als aus eigenem Bekenntniß die Worte: ἐγὼ δὲ Χριστοῦ spricht, sondern eine vierte Genossenschaft sprechen läßt, braucht heutigen Tages nicht mehr erwiesen zu werden. Ebenso wenig ist es nöthig den Beweis beizubringen, daß auch diese letztgenannte ebenso wohl wie die anderen Parteiungen den Tadel des Paulus sich zuzieht. Nur darüber kann noch gestritten werden, an welche Art des Abhängigkeitsverhältnisses von Christo hier dem Zusammenhange nach gedacht werden müsse. Da uns bei der Erörterung der Genesis der Kephaspartei zum mindesten das zugestanden werden mußte, daß unmöglich alle ihr Angehörenden als direkt von diesem Apostel unterrichtete Schüler angesehen werden könnten: so möchte selbst bei der Paulus- und Apollopartei die gleiche Annahme zu machen sein, daß das εἶναί τινος auf etwas Anderes hinführe, welches Andere denn auch auf das Χριστοῦ εἶναι zu übertragen wäre. Und zwar giebt uns hierzu die zürnende Frage des Apostels: Μεμέρισται ὁ Χριστός; die Berechtigung. Was meint aber Paulus damit, wenn er durch das geschilderte Parteiunwesen Christus zertheilt sein läßt? Zertheilt wird etwas, wenn man ein in sich einiges Ganze nicht in seinem intakten completen Zustande beläßt, sondern in mehrere Stücke auseinanderlegt. In welchem Sinne kann aber dieses Verfahren von einer Person, von Christus, ausgesagt werden? Christus ist der eine, alleinige Herr der Gemeinde. Substituirt man an seiner Statt Andere in der Weise, daß man sie zu einer Christus gleichen Höhe emporschraubt, daß man mit Zurückstellung des einen wahren Königs untergeordnete Diener desselben als ihm gleich oder ihm gar übergeordnet ansieht und behandelt, daß man mit ihnen einen Cultus treibt, der nur jenem allein gebührt: so ist Christus zertheilt eben dadurch, daß jetzt Andere seinen Herrscherthron einnehmen. Ein solches Gebahren ließen sich nun aber, wie Paulus selbst in dem nemlichen 13. V. sagt, seine specifischen Anhänger zu Schulden kommen. Indem sie ihm eine Verehrung erwiesen, als ob er für sie gekreuzigt sei, als ob sie auf ihn getauft seien, so bewirkten sie ja nach ihrem Theile das, was P. als ein μερίζειν τὸν Χριστόν beschreibt. Was folgt nun aber hieraus für die

formelle Deutung des Ἐγὼ μέν εἰμι Παύλου? Nur das, daß
die Betreffenden sich für von Paulus unterrichtete Schüler aus=
gaben? Gewiß weit mehr, gewiß das, daß sie mit Beeinträchtigung
der alleinigen Herrscherwürde Christo sich zu Paulus in ein Ab=
hängigkeitsverhältniß setzten, als ob nicht Christus, sondern er, der
absolute vollkommen normale Repräsentant der christlichen Lehre und
des christlichen Lebens sei, den man sich in allen Stücken zum schlecht=
hinigen Vorbilde zu nehmen habe. Wir bestreiten also nicht, daß
die Mehrzahl derjenigen, welche die Parole im Munde führten ἐγὼ
εἰμι Παύλου, eigentliche von Paulus unterwiesene Schüler gewesen
seien. Allein daß sie lediglich das mit ihrer Parteilosung haben
sagen wollen, ist dem eben Erörterten zu Folge nicht zulässig. Die
Art und Weise, wie Paulus selbst dieselben in V. 13 behandelt,
läßt uns das Abhängigkeitsverhältniß überwiegend als ein, kurz ge=
sagt, inneres oder ideelles, denn als ein bloß äußeres denken. Da
nun das Gleiche von der Petrinischen und Apollonischen Parteiparole
gelten muß: so können wir jetzt vielleicht die Frage, was heißt:
ἐγὼ δὲ Χριστοῦ? beantworten.

Da man durch ein so eben erklärtes Abhängigkeitsverhältniß
zu Paulus, Apollo und Kephas Christum in seiner einzigen und
alleinigen Herrscherwürde zertheilt, oder ihn vom Throne stößt, auf
den man dann Andere jetzt: so sollte man meinen, diejenigen, welche
sich nicht zu jenen Dienern Christi, sondern zu Christus selbst in
ein schlechthiniges Verhältniß der Angehörigkeit und der Verehrung
setzten, müßten ja nicht den Tadel, sondern das höchste Lob des
Paulus einernten, da sie ja gerade das unterließen, was P. mit
Unwillen von sich weist, dagegen das zu thun scheinen, was er un=
bedingt fordert, nemlich sich auf den einen Grund zu stellen, neben
den kein anderer gelegt werden darf. (I, 3, 11.) Allein es fragt
sich nur: zu welchem Christus sie sich als zu ihrem einzigen
und alleinigen Vorbilde und Herrn in schlechthiniger Verehrung
halten wollten? Denn daß auch hier das direkte Schülerverhältniß
nur als das, wenn auch bei einem Theile geschichtlich primäre,
so doch sachlich nur mehr secundäre Moment anzusehen sei, dürfen
wir nunmehr durch die Analogie der übrigen Parteiparolen als aus=
gemacht ansehen, und uns dafür auch auf den Amtsnamen Χριστοῦ,
nicht Ἰησοῦ, berufen. Also: welchem Christus wollte die vierte
Partei in Korinth allein dienen? Wir brauchen auf diese Frage
nicht mehr ausführlich zu antworten, da wir bereits zu 2 Kor.

10, 7; 5, 16 und den übrigen christologisch bedeutsamen Stellen das nöthige Material zusammengetragen haben. Wir sagen daher ganz kurz: Zu demjenigen Jesus, welchen die beschränktesten Judenschriften theils aus eigener vermeintlicher Erfahrung, theils durch Andere von gleich stumpfen Sinnen belehrt nur als den national-partikularistischen Davidssohn mit strengster Anhänglichkeit an das Gesetz der Väter, mit unbedingter Beschränkung seines Amtswerkes auf die Kinder Israels kennen gelernt hatten, und ihn nunmehr, nachdem er auferstanden war und zur Rechten Gottes saß, auch als Christus ganz in diesen engen Grenzen des Gesichtskreises bis zu seiner glorreichen Wiederkunft festzubannen sich bewogen fühlten. Nur dieses objektivirte oder hypostasirte Gegenbild ihrer eigenen nationalen und legalen Abgeschlossenheit und Beschränktheit war der Christus, nach dem die vierte, judaistische Partei sich nannte, an den sie sich krampfhaft anklammerte, um sich auf das schroffste und abstoßendste gegen die Paulus- und Apollopartei, in deren Mitte sie die Sache Christi heidnischer Schändung Preis gegeben sah, ab-zuschließen. Aber auch gegen die Kephaspartei?

Sicher standen die Christiner den Petrinern weit näher, als die beiden anderen Richtungen. Aber genügt kann den Christus-verehrern die Parole: wir gehören Kephas an, doch nicht haben, sonst würden sie nicht die Ausgabe einer neuen für nöthig erachtet haben. In wiefern drückt aber die Losung: ἐγὼ δὲ Χριστοῦ den judaistischen Standpunkt schroffer und fanatischer gegen das pauli-nische Heidenchristenthum aus, als die: ἐγὼ δὲ Κηφᾶ?

Mag der Bericht, den der Verfasser der Apostelgeschichte von der Wirksamkeit des Petrus im zehnten Capitel giebt, immerhin Spuren, wenn auch nicht absichtlicher Tendenzgeschichtschreiberei, so doch einer sekundären, die erzählten Ereignisse nicht mehr objektiv wiedergebenden, Auffassung der Dinge an sich tragen: immerhin gehört eine Art Kritik zu treiben dazu, der wir nicht zustimmen können, wenn man es für unmöglich erklärt, daß Petrus schon vor dem Auftreten des Paulus einzelne heidnische, im Proselytenverhält-nisse stehende Personen in die christliche Gemeinschaft ohne die Forde-rung der Beschneidung könnte aufgenommen haben. Doch, abge-sehen hiervon, wie stellte sich später Petrus zu Paulus und zu dessen heidenchristlichem Evangelium? Daraus, daß Paulus nach Gal. 1, 18 den Petrus besuchte und funfzehn Tage bei ihm blieb, läßt sich, wenn auch noch lange nicht eine Identität der Standpunkte,

der religiös-sittlichen Anschauungen und Lebensrichtungen, so doch
eine friedliche Coexistenz, ein verständigender und sich ruhig aus-
einandersetzender Austausch der beiderseitigen Typen des Christenthums, die durch sie vertreten wurden, schließen. Zu einer weiter-
schreitenden Differenz, zu einem Zwiespalt führte diese erste Zu-
sammenkunft beider Apostel drei Jahre nach der Bekehrung des
Paulus offenbar nicht, da sonst die judäischen christlichen Gemeinden,
denen letzterer von Person unbekannt war, die also doch hauptsächlich nur
durch Petrus, mit dem er am eingehendsten verhandelt hatte, über Paulus
Nachrichten empfangen haben konnten, Gott nicht dafür gedankt haben
könnten: ὅτι ὁ διώκων ἡμᾶς ποτε νῦν εὐαγγελίζεται τὴν πίστιν
ἥν ποτε ἐπόρθει (Gal. 1, 23—24). Vierzehn Jahre nach seiner
Bekehrung reicht Petrus dem Paulus die Hand der Gemeinschaft, indem er dessen individuelle göttliche Befähigung zum εὐαγγέλιον τῆς
ἀκροβυστίας auf Grund der von dem Heidenapostel erreichten und
von ihm mit Nachdruck geltend gemachten Missionserfolge unter den
Heiden. Später betritt Petrus das heidenchristliche Territorium des
Paulus in Antiochien, weit entfernt von der Absicht, jenen aus demselben zu verdrängen, vielmehr schließt er sich, so lange er seinem
eigenen inneren Zuge folgt, unbefangen an die dortigen Heidenchristen
an und verkehrt, unbekümmert um die levitischen Speisegesetze, un-
gezwungen mit Unbeschnittenen. Erst die Ankunft der τινὲς ἀπὸ
Ἰακώβου muß geschehen, und durch diese der scheue Hinblick des
Petrus auf die jerusalemitische Muttergemeinde, deren Mitglieder
nach dem hier gewiß unverdächtigen Bericht der Apostelgeschichte
πάντες ζηλωταὶ τοῦ νόμου ὑπάρχουσι (21, 20). hingelenkt sein,
bevor dieser die Gemeinschaft der Heiden allmählig verläßt und sich
dahin zurückzieht, wohin ihn die Furcht vor dem Eklat, den ein Be-
harren bei seinem bisherigen Verhalten in Jerusalem herbeiführen
mußte, treibt. Mag es überwiegend subjektiven und ideal angelegten
Persönlichkeiten eigenthümlich sein, daß sie leicht Eigenes auf fremde
Individualitäten übertragen und bei diesen als selbstverständlich
voraussetzen: von einer Hypokrisie, die sich selbst ihr Urtheil her-
beigezogen habe, hätte Paulus doch nicht, ohne der Wahrheit zu
grell zu nahe zu treten, in Beziehung auf Petrus reden können,
wenn dieser in seinem späteren Verhalten nur das seiner Natur und
seinen Grundsätzen Entsprechende gethan, dagegen in seinem ursprünglichen Thun in Widerspruch mit sich und seinem Gewissen sich befunden hätte. Und die Strafrede des Paulus gegen den seiner

befferen Ueberzeugung aus Menschenfurcht ungetreu geworbenen Collegen, welches war ihr Erfolg? Leider sagt es uns Paulus nicht. Auch sind wir nicht gemeint, daß die Ausführungen seiner polemischen Rede, die in den subjektivsten Spitzen paulinischer religiöser Psychologie endigt, ein gleiches Resultat gehabt haben, wie das im Evangelium des Matth. 26, 75 erzählte. Allein auch das Gegentheil, daß jene antiochenische Scene zum vollkommenen Bruche zwischen Paulus und Petrus geführt habe, wird uns Niemand einreden können, da man aus der beglaubigten späteren Geschichte hiefür schwerlich genügende Wahrscheinlichkeitsbeweise vorzubringen in der Lage sein wird.

Blieb also das Verhältniß zwischen den beiden Aposteln im Wesentlichen so, wie es zuvor gewesen war, als wechselseitige Anerkennung relativ berechtigter divergirender Standpunkte: konnte da von einer Partei, welche in Korinth den Paulus von seinem eigenen Boden verdrängen und sein Evangelium dort bannen oder zu etwas ganz andersartigem umformen wollte, der Name des Kephas für diese ihre Tendenzen genügend befunden werden? Sicher nach dem oben Ausgeführten nicht, sondern sie bedurfte für ihre Zwecke den Christus, den wir überall in dem zweiten Korintherbriefe als das Ideal des beschränktesten und fanatischsten Judaismus gefunden haben. Den Christus, der hinter der relativ freieren Stellung und Bewegung des Petrus weit zurückgeblieben war, der kein Häkchen des Gesetzes hatte fallen lassen wollen, der die Perlen nicht vor die Säue geworfen, das den Kindern gehörige Brod nicht den Hunden gegeben hatte, der, wie er selber nur für die verlorenen Kinder Israels gekommen war, so auch seinen Jüngern verboten hatte, auf den Weg der Heiden zu gehen und in die Städte der Samariter einzutreten, der bei seiner glorreichen Wiederkunft Abrahams gläubigen und zugleich Mosi gehorsamen Samen in sein ewiges Reich aufnehmen, dagegen die Heiden, mochten sie in ihrem nackten Unglauben geblieben sein oder mit dem Vorrechte des πλάνος Paulus den trügerischen Schein von Messiasangehörigen angenommen haben, der verdienten Verdammniß übergeben werde*).

---

*) Die Betreffenden waren also Solche, denen, wie Jesus Matth. 13, 11 sagt, οὐ δέδοται γνῶναι τὰ μυστήρια τῆς βασιλείας τῶν οὐρανῶν. Als solche, die (vergl. Ebend. B. 13) βλέποντες οὐ βλέπουσι καὶ ἀκούοντες οὐκ ἀκούουσι οὐδὲ συνιοῦσι, hatten sie nur Auge und Ohr für die Seite Jesu, nach welcher er sich zu dem mosaischen Gesetze in ein affirmatives Verhältniß

Aus allem diesem erhellt, daß diejenigen, die in Korinth das Bekenntniß ablegten, daß sie Christus angehörten, wohl der Kephas=partei weit näher standen, als einer der anderen beiden heiden=christlichen Separationen, allein identisch mit ihr waren sie nicht. Wie die beiden Persönlichkeiten Paulus und Petrus sich gegenseitig getragen und geduldet hatten: so konnten auch die Kephasleute in Korinth den Mann, der sich τοῖς Ἰουδαίοις ὡς Ἰουδαῖος, τοῖς ὑπὸ νόμον ὡς ὑπὸ νόμον dargestellt hatte, und noch immer dar=stellte (vergl. 1 Kor. 9, 20), wenn auch nicht als dem Petrus gleichstehende Lehr= und Lebensauctorität ansehen, so ihn doch auch nicht von dem Fundamente herunterstoßen wollen, den er als ein weiser Architekt gelegt hatte, da Manche von ihnen ihm ihre Be=kehrung verdankten, Manche seinen väterlichen Schutz gegen heiden=christlichen Uebermuth in gutem Andenken behalten, Andere eine Ahnung von seinem echt christlichen Wesen empfangen haben moch=ten, wenn sie sich auch in einige seiner Eigenthümlichkeiten nicht zu finden vermochten und darum in Petrus ihr Ideal in ungetrüb=terem Lichte sahen. Waren nun aber die Christusleute darin über die Petriner weit hinaus, daß sie dem Paulus und seiner Irrlehre die rücksichtsloseste Opposition machten, wie kommt es, daß wir im ersten Korintherbriefe keine principiellere und eingehendere Be=kämpfung dieser dem paulinischen Christenthum doch so diametral entgegengesetzten Richtung finden? Ein geschickter Feldherr richtet naturgemäß seine ganze ungetheilte Aufmerksamkeit dahin, woher die größte Gefahr für den Augenblick droht. Er kümmert sich wenig um Plänklerangriffe gegen seine Flügel, wenn er befürchten muß, daß sein Centrum durchbrochen werde. In dieser Lage befand sich Paulus, als er unsern ersten Korintherbrief schrieb. Das unersätt=liche Weisheitshaschen der Apolloanhänger, die emancipatorischen Bestrebungen seiner specifischen Verehrer waren Realitäten, mit

---

setzt (Matth. 5, 17—19; Luk. 16, 17; Matth. 5, 23. 24; 6, 17; 23, 3 u. s. w.); dagegen keine Ahnung, noch inneres Verständniß für den Geist seiner Lehre, kraft dessen nach seiner divinatorischen Voraussicht die alten Formen nothwendig ihrer Auflösung entgegengehen würden (vergl. Matth. 9, 14—17; 15, 11, 13; 19, 3 f.; 21, 12 f. u. s. w.). Wie gering Jesus selber von dem Χριστοῦ εἶναι der Betreffenden dachte, geht überdem noch aus Matth. 7, 21—23 her=vor. Obgleich kein unmittelbarer Schüler Jesu im historischen Sinne, erfaßte Paulus den innersten geistigen Mittelpunkt Jesu doch unendlich tiefer als seine Gegner, ja selbst als seine judenchristlichen apostolischen Amtsgenossen. Freilich nicht auf dem Wege psychologischer Beobachtung, sondern pneumatischer Gnosis.

denen der Apostel sich in flagranti auseinanderseßen mußte. Das
Losungswort der Christiner war eine Velleität, die im Momente,
wo nach einer anderen Seite hin genug zu streiten war, noch nicht
zur sofortigen Aufnahme des Kampfes rief, sondern, da sie in der
Gemeinde bisher nur ein sehr mattes Echo gefunden hatte, beinahe
von dem großen Taktiker überhört werden durfte. Ganz unver=
hallt ging sie aber dennoch nicht an seinem Ohre vorüber. Vielleicht
finden wir außer 1 Kor. 9 noch ein oder die andere Stelle, wo
Paulus wenn auch nur leise verständlich macht, daß er wisse, was
mit dem $X\varrho\iota\sigma\tau o\tilde{v}$ $\varepsilon\tilde{\iota}\nu\alpha\iota$ gemeint sei, und wo er dieser Art der
Gemeinschaft mit Christus, wie sie seine Gegner beanspruchten und
anstrebten, eine andere entgegengesezt.

    Hierher mag zu rechnen sein 1 Kor. 3, 23. Ist es gegen
Gottes Willen, einzelne Menschen zum Gegenstande des Sichrüh=
mens zu machen, gehört vielmehr den Gläubigen Alles an, was
Gott von Lehrern, die mit seinem Geiste begabt sind, erweckt,
haben die Christen die Befugniß, sich überhaupt Alles anzueignen
und zu Nuße zu machen, was in dem gesammten Universum An=
knüpfungspunkte für die Förderung ihres Glaubens und Lebens
darbietet (3, 21. 22): so gehören die Gläubigen ihrerseits Christus
an, welcher seinerseits wiederum Gott angehört ($\dot{v}\mu\varepsilon\tilde{\iota}\varsigma$ $\delta\grave{\varepsilon}$ $X\varrho\iota\sigma\tau o\tilde{v}$,
$X\varrho\iota\sigma\tau\grave{o}\varsigma$ $\delta\grave{\varepsilon}$ $\vartheta\varepsilon o\tilde{v}$ V. 23). Es liegt hier nicht so ferne, anzuneh=
men, daß Paulus in dem Ausdrucke $\dot{v}\mu\varepsilon\tilde{\iota}\varsigma$ $\delta\grave{\varepsilon}$ $X\varrho\iota\sigma\tau o\tilde{v}$ die Partei=
parole der Christiner sich selber formell aneignet, allein dieselbe
in einem Sinne deutet, der dem exklusiven und partikularen Miß=
brauche, welcher von jenen mit diesem Bekenntnisse getrieben wird,
gradezu entgegengesetzt ist. Behaupteten dieselben nemlich lediglich
von sich selber, daß sie Christus angehörten, so macht der
Apostel hier geltend, daß alle korinthischen Gläubigen Christi seien,
Christum zum Herrn, zum Oberhaupte hätten, wie Christus seiner=
seits sein Haupt an Gott habe (vergl. I, 11, 3). Kein Mensch,
weder Paulus noch Apollo noch Petrus, ist das Haupt der korin=
thischen Gemeinde, welchem gegenüber sie sich in ein Verhältniß der
Abhängigkeit begeben dürfte. Vielmehr ständen den Gläubigen alle
jene Lehrer mit ihren individuellen Gaben und Kräften zur Aneig=
nung zur Disposition, während sie in einem Verhältnisse unbe=
dingter Abhängigkeit, schlechthiniger Hingebung nur zu Christus
ständen. Wie weit ist hier von Paulus der Umkreis des $X\varrho\iota\sigma\tau o\tilde{v}$
$\varepsilon\tilde{\iota}\nu\alpha\iota$ gezogen, und welch' einen ganz anderen Sinn verbindet er

hiermit als bie Chriftiner! Wurde man nach ber Meinung biefer nur Chrifto zu eigen, wenn man Paulus unb Apollo aus bem Ver= banbe bes Chriftenthums ausfchloß, unb bagegen mit Chriftus nur burch bas Mittelglieb folcher Lehrer, bie in nationaler, focialer, legaler Verbinbung mit ihm geftanben waren unb noch ftanben, in Gemeinfchaft trat: fo konnte man nach bes Paulus innerfter Ueber= zeugung Chrifti fein, wenn man fich auch burch bie verfchiebenartig= ften von Gott berufenen Diener ben Weg zu Chriftus zeigen ließ, wenn fie biefen auch nicht κατὰ σάρκα kennen gelernt hatten. Ja bas wahre Chrifti Sein ift principiell eine burch ben heiligen Geift begrünbete innere Gemeinfchaft mit ihm.*)

---

*) Für biefe Auffaffung bes Χριστοῦ εἶναι, wie fie Paulus vielleicht nicht ohne leife polemifche Beziehung auf bas Parteiflichwort ber Chriftiner gel= tenb macht, ift auch noch mit zwei Worten auf 1 Kor. 1, 30 hinzuweifen. Denn hier nennt er bie Quelle, aus welcher bas mit bem Χριστοῦ εἶναι für ihn fynonyme ἐν Χριστῷ εἶναι herzuleiten fei. Während Menfchen mit ihrer fleifchlichen Weisheit, mit ihrer weltlichen Macht in Rückficht auf bas Heil ber Welt nichts haben zu Stanbe bringen können, im Gegentheile Gott ein ver= nichtenbes Gericht über jene abgehalten hat (1, 25—29): fo ift Gott es allein, aus welchem als aus ber Urquelle alles Guten bie Gläubigen in Korinth in Chrifto Jefu finb, mit Chrifto Jefu in Gemeinfchaft ftehen. Mag nun immer= hin ber Apoftel hier mit feiner Polemik bie Anhänger bes Apollo im Auge haben, fo fehen wir boch auch aus biefer Stelle, von wie verhältnißmäßig unter= georbneter Bebeutung für bie Schätzung bes Paulus Menfchen als folche finb, bie bas in Gemeinfchaft Treten Anberer mit Chrifto bewirken. Vielmehr knüpft Gott biefes Banb burch einen unmittelbaren Akt feiner Gnabe, wenn er hiebei auch menfchliche Diener benutzt, burch beren Vermittlung ber Glaube zu Stanbe kommt (vergl. 3, 5—9). Demnach ergiebt fich auch hier, wie wefentlich geiftig innerlich Paulus bas Χριστοῦ εἶναι auffaßt, während bei bem von ben Chriftinern vorgegebenen Zugehörigkeitsverhältniß bie äußerliche Vermittlung im Vorbergrunbe fteht, ja eigentlich Alles aus= macht (Vergl. 2 Kor. 5, 17 Εἴ τις ἐν Χριστῷ, b. h. mit bem gekreu= zigten unb auferweckten κατὰ πνεῦμα in Gemeinfchaft fteht, καινὴ κτίσις). Auch bas, was ber Apoftel hier in biefem Zufammenhange, 1 Kor. 1, 30 von Chriftus ausfagt, ὃς ἐγενήθη σοφία ἡμῖν ἀπὸ θεοῦ, δικαιοσύνη τε καὶ ἁγιασμὸς καὶ ἀπολύτρωσις, ift von Bebeutung, um uns klar zu machen, was Paulus feinerfeits unter bem von Gott als letztem Urheber bewirkten ἐν Χριστῷ εἶναι verfteht. Man hat hier nemlich entfchieben ben Gebanken fern zu halten, als rebe hier ber Apoftel von ber hiftorifchen Senbung Chrifti in bie Welt, bei welcher biefer für bie im Glauben fich Anfchließenben ein mit hoher Weisheit ausgeftatteter Lehrer, ein Führer zur Gerechtigkeit unb Heiligkeit, unb burch Alles bies ber Mittler unferer Erlöfung geworben. Der ganze Zufammenhang unb ber uns fonft bekannte Lehrbegriff bes Paulus führt

Dies möchte nun aber auch Alles, vielleicht schon mehr als Alles, sein, was sich aus dem ersten Korintherbriefe über die Christuspartei ermitteln ließe. Es ist allerdings so wenig und dieses Wenige wäre noch überdem so unsicher, daß, wenn uns der zweite Brief an dieselbe Gemeinde nicht den Schlüssel zu dem Räthsel darböte, wir nicht im Stande sein würden, uns auch nur ein ungefähres Bild von den Bestrebungen jener zu machen. Auf den Grund der Enthaltung von einer eingehenden Polemik gegen diese Leute haben wir schon hingedeutet. Wir haben jetzt noch zu zeigen, wie die zur Zeit der Abfassung des ersten Briefes, man möchte fast sagen, noch embryonische Partei zu einem solchen Wachsthum und solcher Ausgestaltung gelangt sei, wie wir sie im zweiten Sendschreiben angetroffen haben.

Vergleicht man nemlich das Bild der Korinthischen Gemeinde, wie es uns aus dem ersten Briefe an sie hervortritt, mit dem, wie wir uns dasselbe nach dem zweiten entwerfen müssen: so ist die Ver= änderung der Situation eine so totale, daß man kaum begreift, wie

---

auf etwas ganz Anderes. Paulus hat von B. 1, 17 an der Weisheit der Welt die Thorheit des evangelischen Kerygma entgegengestellt, und als dessen cen= tralen Inhalt Christum den Gekreuzigten hervorgehoben (B. 23. 24. 17. 18.). Somit spricht schon Alles dafür, daß unter Christus Jesus B. 30 der Gekreuzigte zu verstehen sei. Wenn nun Paulus von diesem sagt, er sei aus Weisheit geworden von Gott, so kann dies im Hinblick auf 2, 6—12 nichts anderes bedeuten, als die in dem Kreuzestode enthaltene göttliche Weisheit sei durch die Gnade Gottes, durch Seinen heiligen Geist den Gläubigen aufge= schlossen, subjektiv angeeignet worden, der gekreuzigte Christus, in welchem das von Ewigkeit her bestimmte göttliche Mysterium offenbar wurde, sei für die Gläubigen durch die Erleuchtung des Geistes das Gegentheil von dem gewor= den, als wie es den ungläubigen Juden und Heiden erschien (B. 23), nemlich eine Weisheit, die alle menschliche Weisheit weit hinter sich läßt, ja zu nichte macht (vergl. Col. 2, 3; 1, 26 ff.). Die wahre Weisheit aber wird der ge= kreuzigte Christus für die Gläubigen von Gott nur in so fern, als er zugleich eine θεοῦ δύναμις ist, oder in so fern er ihnen innerlich angeeignet Gerechtigkeit, Heiligkeit und Erlösung bringt. Aus Allem diesen geht auf das klarste hervor, was dem Paulus das Χριστοῦ εἶναι bedeutet. Es ist ein ἐν Χριστῷ εἶναι, eine geistig-innerliche, mystische Gemeinschaft mit dem gekreuzigten Christus als dem persönlichen Inbegriff der θεοῦ σοφία ἐν μυστηρίῳ, welche Gott durch seinen Geist den Gläubigen offenbart, und ihnen als eine erlösende Kraft angeeignet hat (vergl. 2, 7. 10; 1, 30.). Hiebei sind wir natürlich weit entfernt, an eine direkte Antithese gegen die Christiner zu denken; es sollte nur die Differenz zwischen der Paulinischen und der gegen= theiligen Auffassung sachlich hervorgehoben werden.

zwischen der Abfassung beider Sendschreiben ein verhältni
so kurzer Zwischenraum liegen kann. Allein da ein äh
Wechsel mit den galatischen Gemeinden vorgegangen ist
1, 6 οὕτω ταχέως): so haben wir die Thatsache nicht
feln, sondern nach Gründen zu forschen, wie es gel
möge, daß Paulus, während er in seinem ersten Ko
die Gemeinde so weit überwiegend von gefahrdrohender
zurückzubringen sich bemüht, er in seinem zweiten Sendf
ausschließlich mit solchen Leuten einen Kampf auf Leb
zu bestehen hat, von denen er auf das dringendste eine
jener zu befürchten hatte.

Niemandem, der den ersten Korintherbrief auch m
licher durchgeht, kann es verborgen bleiben, wie trotz a
des christlichen Geistes, welche der Apostel z. B. 1,
hervorhebt, doch im Ganzen und Großen die Gemeinde
großen Theile in eine Richtung hineingekommen war,
kurz oder lang zu einer bedenklichen Katastrophe fül
Wir können jene in der Kürze als ein idealistisches W
terisiren, bei welcher die sittliche Thatkraft entschieden
litten hatte. (Vergl. namentl. 4, 8. 19—20.) Bei
sättigung an dem, was der einfache praktisch=christl
darbot, bei der eitlen, hohlen und aufgeblähten Ueberheb
heilsamen Schranken, welche das Christenthum nicht
lassen durfte, ohne sich selbst als erlösend=heiligendes
zuheben, und die eines Weitern zu erörtern hier nicht
ragt aber ein Fall von solcher Bedeutsamkeit und so
den Folgen hervor, daß seine Erwähnung nicht überga
darf. Es ist die grobe, unter so erschwerenden Umständ
Unzuchtsünde eines Gemeindegliedes, von welcher das fü
handelt. An sich schon eine Sünde, wie sie kaum u
erhört war (I, 5, 1), mußte dies Vergehen um so m
ligen Zorneseifer des Apostels erregen, als er nur
der Erfahrung mußte, wie rasch judaistische Gegner mi
quenz bei der Hand waren, daß der Glaube, welchen
künde, das Gesetz als coercirende Schranke des sittl
zu nichte mache (vergl. Röm. 3, 21), daß man unter
gepredigten Gnade sündigen dürfe (Ebend., 6, 15. 1),
ihm gelehrte Christus, als derjenige, in welchem der
Ausschluß (χωρίς) der Gesetzeswerke die Rechtfertigung

ἁμαρτίας διάκονος.ſei (Gal. 2, 17). Allein das ſtrenge Ver=
fahren, welches Paulus von der korinthiſchen Gemeinde I, 5, 5
forderte, ſcheint von einem nicht unbeträchtlichen Theile derſelben
als zu hart nicht gebilligt und deßhalb nicht in ſeinem ganzen Um=
fange zur Anwendung gekommen zu ſein (2 Kor. 2, 5 ff.). Wir
haben Grund anzunehmen, daß auch die judaiſtiſch geſonnenen Glie=
der der Gemeinde nicht zu der „Mehrzahl" gehörten, welche dem
Betreffenden die ἐπιτιμία auferlegte, von welcher der Apoſtel,
ebend. V. 6, ſpricht. Allein grade der Umſtand, daß dieſe Partei
zu einem ſchonungsloſeren Verfahren gewiß nur zu ſehr geneigt
war, daß ſie ſich wohl ſchwerlich damit begnügen wollte, die ſchärf=
ſten Strafmittel nur gegen dieſen einen groben Uebertreter des
Geſetzes zu unterſtützen, ſondern naturgemäß für die Zukunft über=
haupt an einer ſtrikten Geſetzesunterwerfung dauerhafte Garantien
gegen die Wiederkehr ähnlicher Fälle zu erlangen ſuchte, verſetzte
den Paulus in eine unheimliche Stimmung (vergl. οὐ γὰρ αὐτοῦ,
sc. τοῦ σατανᾶ, τὰ νοήματα ἀγνοοῦμεν), mußte ihn bedenklich
machen, auf der unbedingten Ausführung der von ihm geforderten
Exkommunikation in verſchärfter Form zu beſtehen. Weshalb er
ſich gedrungen fühlt, demjenigen beträchtlichen Theile der Gemeinde,
welcher unter Anbetracht der individuellen Umſtände zu ſchonender
Milde geſtimmt war, im Weſentlichen beizutreten (vergl. II,
2, 8. 10).

Wie ſehr der ſo eben kurz beſprochene Fall das gute Verhält=
niß, welches bisher zwiſchen dem Apoſtel und der Gemeinde beſtand,
getrübt hatte, davon legt der zweite Korintherbrief, durch welchen
der Rückblick auf jenen ſich wie ein rother Faden hindurchzieht
(II, 2, 5—11; 7, 1. 11), unverkennbar Zeugniß ab, und es müßte
uns Alles trügen, wenn nicht ſeitdem, und einem nicht unbedeuten=
den Theile nach, auf Veranlaſſung grade dieſes Ereigniſſes, der
eigentliche, extreme Judaismus in Korinth einen ungemeinen, das
pauliniſche Evangelium ernſtlich bedrohenden Aufſchwung genommen
hätte. Denn von einer Polemik gegen helleniſchen Weisheitsdünkel,
welcher im erſten Briefe im Vordergrunde ſtand, findet ſich im
zweiten keine Spur mehr. Es iſt freilich eine verkehrte Anſchauung
der Sachlage, wenn man zur Zeit der Abfaſſung des letzteren die
übrigen Parteien gänzlich verſchwunden und lediglich die judaiſtiſche
übrig geblieben wähnt. Allein ſo viel liegt doch auf der Hand,
daß die augenblickliche Situation eine ſolche war, in der Paulus

eine Bekämpfung solcher Verirrungen, wie sie als specifische in der großen heidenchristlichen Abtheilung der Gemeinde auch wohl sicher noch bestanden (vergl. II, 6, 14—7, 1), in die zweite Linie stellt, da von der entgegengesetzten Seite entschieden die größte Gefahr im Anzuge begriffen war.

Paulus hatte 1 Kor. 4, 21. an die Leser die drohende Frage gestellt: ob er ἐν ῥάβδῳ zu ihnen kommen solle? Mit dem Päda=gogenstabe des Gesetzes kamen Andere, die ihn freilich in einem anderen Geiste und mit einer anderen Methode handhabten, als wie ihn Paulus führte (vergl. II, 11, 20 mit I, 4, 15). Wahrschein=lich durch neue Ankömmlinge neu angestachelt und verstärkt (II, 3, 1; 11, 4), drangen die schon vorhandenen Judaisten auf einem Territorium immer weiter und erfolgreicher vor, auf welchem die Idealität des paulinischen Evangeliums durch die Schuld seiner specifischen Bekenner nur zu viel an ihrer ursprünglichen, vom Apostel immer geforderten, den Willen bestimmenden Energie ein=gebüßt hatte. Der durch griechischen Weisheitsdünkel verbunden mit antinomistischem Libertinismus aufgeweichte Boden der korin=thischen Gemeinde mußte naturgemäß Bestrebungen einen günstigen Erfolg bereiten, welche mit so viel scheinbarer Berechtigung die Zucht des Gesetzes als das einzige sichere und gründliche Heil=mittel der vorhandenen sittlichen Schäden und Unordnungen und als das allein ausreichende Präservativ gegen die völlige sittliche Zersetzung und Auflösung der Gemeinde anpreisen konnten. Je weniger aber in der durch das Charisma der γνῶσις und σοφία hervorragenden Gemeinde die nackte unvermittelte Anforderung, sich durch Beschneidung dem mosaischen Gesetze rückhaltlos zu unter=stellen, an ihrer Stelle gewesen wäre: desto mehr war es für die judaistischen Parteiführer indicirt, ihr Ziel auf verdeckterem Wege, durch klügere den individuellen Verhältnissen geschickt angepaßte Mittel anzustreben. Nichts lag für sie näher, als ihre Angriffe gegen die Person des in Korinth immerhin bei der wohlgesonne=neren Mehrzahl der Gemeinde noch in nicht geringem Ansehn stehen=den Paulus zu richten. War ja grade mit dessen Persönlichkeit der bisher in jener im Großen und Ganzen am meisten prävalirende Typus des Glaubens und der Lebensweise aufs engste verknüpft: Hätten sie daher die Person dieses Mannes in den Augen und in dem Bewußtsein der Gemeinde seines apostolischen Ansehens ent=

kleidet, gelang es ihnen, ihn als einen unberufenen Eindringling, als einen gefährlichen Irrgeist von dem Territorium zu verdrängen, das sie als ihr eigenes für sich allein in Anspruch nahmen (vergl. II, 10, 14—16): so stand ihnen nichts mehr im Wege, um alsbald mit ihren eigentlichen letzten Zielen unverhüllter zu Tage zu kommen. Und keine ungünstigen Anzeichen schienen ihren siegreichen Erfolgen zu winken. Waren ja doch an der Person des Apostels seit Kurzem manche seiner sonst ihm am nächsten stehenden Geistesverwandten irre geworden, indem sie an dem Diener des Geistes und der Freiheit seine so durchfahrende Strenge in dem oben erwähnten Falle und seine so gewaltig drohende Sprache überhaupt, an dem sonst so muthigen Manne und dem sie seiner innigsten Liebe versichernden Freunde seine immer von Neuem hinausgeschobene Hinkunft nach Korinth nicht verstehen konnten. Erwägt man alle diese Umstände, so war für die fanatischen Judaisten Alles so zubereitet, daß ihre bisher fast überhörte, oder doch wenig geachtete Parole, daß nur sie Christi seien, Paulus mit seinen Geistesverwandten aber nicht, auch in weiteren Kreisen Aufmerksamkeit zu erregen und für Manche verlockend zu werden anfing. Der Umschlag aus einem sich überstürzenden Idealismus in einen sehr nackten und handgreiflichen Realismus ist ja keineswegs eine in der Geschichte des menschlichen Geistes so selten vorkommende Erscheinung.

So kam es denn, daß die Christiner, die anfangs in Korinth nur eine wenig beachtete obskure Partei gebildet hatten, als ihre Stunde gekommen war, zu einer Bedeutung gelangten, die Paulus noch nicht ahnen konnte, als er seinen ersten Brief an die dortige Gemeinde richtete. Unser zweites Sendschreiben an diese zeigt uns jene in einem ziemlich weit fortgeschrittenen Stadium ihrer Entwicklung, wie sich uns dies aus einer ausführlichen Analyse der einschlagenden Hauptstellen desselben ergeben hat. Freilich hatten allen Anzeichen nach die judaistischen Christiner in Korinth noch nicht solche Erfolge aufzuweisen, wie ihre geistesverwandten Genossen in Galatien. Ohne Zweifel legte der freiere, beweglichere, unabhängigere hellenische Geist in Korinth dem um sich greifenden Judaismus nicht geringe Hindernisse in den Weg. Noch höher mag die wirklich aufrichtige Anhänglichkeit einer nicht geringen Anzahl der dortigen Gemeindeglieder an die Person des die dortige Ver-

hältniſſe mit wachſamem Auge verfolgenden Paulus und einige
ſeiner begabten Mitarbeiter als Grund angeführt werden dürfen,
daß die Gemeinde noch nicht ſo weit der Verführung nachgegeben
hatte, wie dies bei den galatiſchen nach dem an ſie gerichteten
Briefe (1, 6; 3, 1—4; 5, 4. 7) geſchehen war. Aber daß Paulus die den korinthiſchen Chriſten drohende Gefahr nicht gering
ſchätzen durfte, im Gegentheil alle Mittel aufbieten mußte, um die
Wahrheit und Freiheit ſeines Evangeliums ſowie die Aechtheit und
göttliche Legitimität ſeines Apoſtolats zu ſichern und gegen die
ſchärfſten und empfindlichſten Angriffe zu wehren, haben wir früher
auf Grund unzweideutiger Belegſtellen conſtatiren können.

Reflektiren wir darauf, bei welchem Theile der Gemeinde die
Chriſtusanhänger am eheſten neue Anhänger durch ihre verführe-
riſchen, mit der Decke Moſis operirenden Künſte zu gewinnen hoffen
durften: ſo liegt es allerdings am nächſten, in erſter Linie an die
Kephaspartei als an diejenige zu denken, welche ſich als das ge-
eignetſte Objekt ſolcher Beſtrebungen darbot. Wie der Charakter
und der in einer gewiſſen ſchwebenden Mitte liegende Standpunkt
des Petrus ſelbſt durch harte Stöße leicht in's Schwanken gerathen
konnte (Gal. 2, 11 ff.): ſo mögen auch manche νοήματα ſeiner
Anhänger in Korinth durch die πανουργία und die λογισμοί der
von einem einſeitigeren, und deßhalb bei der hochgehenden Fluth des
Parteigetümmels ſich faſt immer wirkſamer erweiſenden Principe
aus vordringenden Chriſtiner von der ἁπλότης ἡ εἰς τὸν Χριστόν
verderbt worden ſein. Allein was der Apoſtel Paulus II, 11, 3
als eine Beſorgniß für manche Glieder ſeiner Gemeinde überhaupt
ausſpricht, darf man noch nicht als vollendete Thatſache ſetzen, noch
weniger als an der Kephaspartei ſpeciell vollzogene Thatſache auf
den Anfang jener in der Weiſe zurückdatiren, daß man die Kephas-
und Chriſtuspartei von vornehrein mit einander zuſammenwirft.
Indem Baur ſich dieſes Verfahrens bei der Aufſtellung ſeiner
ihrem eigentlichen Kernpunkte nach das Richtige gebenden Charakte-
riſtik der Chriſtuspartei in Korinth ſchuldig gemacht hat: ſind ſeinen Ausführungen nicht unbegründete Bedenken entgegengeſetzt worden. Auch wir haben uns in dem oben Ausgeführten bemüht, auf
der Grundlage eindringender Quellenforſchung das uns nicht ganz
richtig Gezeichnete aus dem Bilde, welches der große Kritiker von
dem Weſen der bis dahin völlig nebelhaften urchriſtlichen Partei-

erſcheinung entwarf, auszuſcheiden, und wo möglich durch treuere Züge zu erſetzen. Von einem „Zuſammenfallen" der ganzen Hypo= theſe Baurs, nachdem man ſich ihren weſentlichen Fund angeeignet hat, kann man nur dann reden, wenn man ſich Accidentien ohne Subſtanz, Judaiſten ohne Judaismus vorzuſtellen im Stande iſt.

Druck der Hofbuchdruckerei (H. A. Pierer) in Altenburg.

Die Dichter des Alten Bundes

erklärt von

Heinrich Ewald.

1. Theiles 1. Hälfte. *Allgemeines über die Hebräische Dichtung und das Psalmenbuch.* 2. verb. u. verm. Aufl. 20 Bog. gr. 8. 1 Thlr. 10 Gr.

1. Theiles 2. Hälfte. *Die Psalmen und die Klaglieder.* 3. verb. u. verm. Aufl. 34 Bog. gr. 8. 2 Thlr.

2. Theil. *Die Salomonischen Schriften.* 2. verb. u. verm. Aufl. 30 Bog. 2 Thlr.

3. Theil. *Das Buch Ijob.* 2. verb. Aufl. 23 Bog. gr. 8. 1 Thlr. 10 Gr.

Die Propheten des Alten Bundes

erklärt von

Heinrich Ewald.

Zweite vermehrte und verbesserte Auflage in drei Bänden. gr. 8. Preis 7²/₃ Thlr.

1. Band. Jesaja mit den übrigen älteren Propheten. 34 Bog. 2 Thlr. 12 Gr.

2. Band. Jeremja und Hezeqiel mit ihren Zeitgenossen. 37 Bog. 2²/₃ Thlr.

3. Band. Die jüngsten Propheten des Alten Bundes mit den Büchern Barukh und Daniel. 32 Bog. 2 Thlr. 18 Gr.

Die vorkarolingischen

christlichen Glaubenshelden

am Rhein

und deren Zeit.

Nebst einem Anhang über Siegfried den Drachentödter.

Nach den Quellen dargestellt

von

Ph. Heber.

2. Aufl. 23 Bog. 8. geh. Preis 24 Sgr.

Es ist dies Buch bei seinem ersten Erscheinen im Jahre 1858 von der Mehrzahl der kritischen Blätter aller Richtungen aufs Anerkennendste besprochen und empfohlen worden; ein etwas hoher Preis that aber der Verbreitung Eintrag. — Wenn wir dasselbe, nachdem es in unsern Verlag übergegangen, in einer erheblich billigeren Ausgabe darbieten, so dürften wir damit zahlreichen Interessenten einen Gefallen erwiesen haben. — Wer immer mit den ersten christlichen Zeiten unseres Vaterlandes sich bekannt machen will, für den ist Heber's Buch ein trefflicher Führer; wer es gelesen, dem wird die ganze Entwickelung der deutschen Kirche und die Reformation in ungleich klarerem Lichte erscheinen.